GÜNTHER GREWENDORF

I mog di obwoist a Depp bist

WARUM BAIRISCH GENIAL IST

Verlag Antje Kunstmann

Für Philipp

INHALT

An Schluss weiss ich schon, aber wenn ich mit'n Schluss
anfang werd' ich zu früh fertig.
(Karl Valentin, *Riesenblödsinn*, Sämtliche Werke, Bd.1: 34)

EINLEITUNG UND ÜBERBLICK

Entgegen einer weitverbreiteten Auffassung sind Dialekte keine defizitären Versionen einer Standardsprache. Sie haben eigenständige Sprachsysteme, die man häufig gerade nicht in der korrespondierenden Standardsprache findet, dafür aber in anderen Sprachen, die keine unmittelbare Verwandtschaft mit der Standardsprache aufweisen.

In der Regel definiert man einen Dialekt über die hörbaren und sichtbaren Eigenheiten seiner Ausspracheregeln und die Besonderheiten seines Wortgebrauchs. Wenn man z. B. Informationen über das Bairische erhält, sei es von Menschen, die Bairisch sprechen, sei es von Dialektologen, dann beziehen sich solche Informationen in den allermeisten Fällen auf Phänomene der Aussprache, des Formeninventars sowie auf die Bedeutung und Verbreitung bairischer Wörter.

Die sehr viel interessanteren, weil ungewöhnlichen Charakteristika eines Dialekts sind jedoch seine nicht-sichtbaren, strukturellen Eigenschaften. Diese sind im Fall des Bairischen hoch kompliziert, rätselhaft und finden sich nicht im Standarddeutschen, dafür aber in einer Vielzahl anderer Sprachen der Welt. In diesem Sinne ist das Bairische eine »weltläufige« Sprache.

Dem Laien bleiben die faszinierenden strukturellen Eigenschaften des Bairischen notwendigerweise verborgen, da er nicht über das strukturtheoretische Instrumentarium verfügt, das man braucht, um sich diese Eigenschaften vor Augen zu führen. In diesem Sinne kann jemand, der Bairisch spricht, unglaublich komplizierte Dinge, deren Kompliziertheitsgrad ihm gar nicht bewusst ist.

Das Anliegen dieses Buchs ist, dem interessierten Laien vor Augen zu führen, was für ein hochkomplexer Dialekt das Bairische ist. Dazu wird ihm auf einfache Weise das notwendige Strukturwissen vermittelt, und für die im Inhaltsverzeichnis zitierten Sätze, die jedem bairischen Sprecher geläufig sind, wird eine einfache und allgemein verständliche Analyse vorgenommen, die ihn zu dem Schluss führen wird, dass das Bairische genial ist.

Die analysierten Phänomene werden mit dem Standarddeutschen verglichen, und es wird gezeigt, dass sie dort nicht zu finden sind. Dafür wird an Beispielen illustriert, dass charakteristische Struktureigenschaften des Bairischen in einer ganzen Reihe anderer Sprachen zu beobachten sind. In diesem Sinne kann das Bairische also durchaus als eine »Weltsprache« angesehen werden. Es ist daher nicht erstaunlich, dass das Bairische zu einem hochattraktiven Gegenstand der internationalen sprachwissenschaftlichen Forschung geworden ist. Wer diesen Dialekt als eine defizitäre Version einer deutschen Hochsprache ansieht, hat von den strukturellen Besonderheiten des Bairischen keine Ahnung.

Angesichts der in diesem Buch sichtbar gemachten und erklärten grammatischen Besonderheiten des Bairischen drängt sich die Vermutung auf, dass Bairisch möglicherweise weitaus schwerer zu erlernen ist als etwa Englisch oder Standarddeutsch. Wie dem auch sei, zum Trost für alle Nicht-Bayern sei betont, dass sich der Spracherwerb intelligenzunabhängig vollzieht.

In KAPITEL I wird kurz auf das »Wunder« des Spracherwerbs eingegangen, das darin besteht, dass Kinder innerhalb weniger Jahre und auf der Basis eines unzureichenden Inputs ein so komplexes und kompliziertes geistiges System wie die Grammatik einer Sprache erwerben. Es wird gezeigt, dass die Existenz universeller Eigenschaften von Sprachen, also von Eigenschaften, die allen Sprachen gemeinsam sind, dieses Wunder erst ermöglicht.

Dabei wird erkennbar, dass die Verschiedenheit der Sprachen, also ihre Variation, dementsprechend begrenzt ist: Sprachvariation ist nur innerhalb der von den universellen Eigenschaften gesetzten Grenzen möglich. Da die universellen Eigenschaften genetisch determiniert sind, kann das Kind beim Spracherwerb von diesen Eigenschaften abstrahieren, d. h. es muss sie gar nicht erwerben, es kommt damit auf die Welt.

Die Grenzen für Sprachvariation gelten natürlich auch für potenzielle Dialekte. Dialekte haben im Konzert der sprachlichen Vielfalt keinen anderen Status als jede andere natürliche Sprache. Sie zeichnen sich durch ihre charakteristischen Eigenschaften aus und sind daher genauso wenig defizitäre Versionen einer Hochsprache, wie das Englische eine defizitäre Version des Italienischen ist.

KAPITEL II befasst sich mit gesellschaftlichen und sprachlichen Vorurteilen gegenüber Dialekten und zeigt, dass es für diese weder eine gesellschaftliche noch eine sprachliche Rechtfertigung gibt.

KAPITEL III vermittelt dem Laien ein einfaches und leicht verständliches Strukturmodell, mit dem sich erkennen lässt, inwiefern die in diesem Buch behandelten faszinierenden Eigenschaften des Bairischen genial sind.

In KAPITEL IV wird ein Phänomen analysiert, das der Satz von Gerhard Polt »I hob des net gwusst, wie weit dass Geschichte zruckgeht« illustriert. Im Bairischen wie im Standarddeutschen werden Nebensätze, die eine Aussage wiedergeben, in der Regel durch das Einleitungswort *dass* gekennzeichnet. (*Sie hat gesagt, dass …, Sie nimmt an, dass …*) Gibt der Nebensatz den Inhalt einer Frage wieder, die mit einem w-Pronomen wie *wer* oder einem komplexeren w-Ausdruck wie *wie weit, mit wem* oder *welcher Spieler* eingeleitet wird, dann kann im Standarddeutschen das Einleitungswort *dass* nicht auch noch erscheinen. Wie der Satz von Gerhard Polt zeigt, ist dies aber im Bairischen möglich (bzw. in vielen Fällen sogar notwendig).

KAPITEL V behandelt eine Besonderheit des Bairischen, die nicht erst durch Karl Valentin in aller Munde ist. Es geht darum, dass im Bairischen nicht nur Verben eine Endung für Person (erste, zweite, dritte) und Zahl (Singular/Plural) aufweisen, sondern dass dies bei der zweiten Person Singular und Plural auch für jene Elemente gilt, die Nebensätze einleiten (Singular: *I mog di, obwoi-st a Depp bi-st*; Plural: *I mog eich, obwoi-ts Deppn sei-ts*).

KAPITEL VI befasst sich mit einem Phänomen, das in Analogie zu der in Kapitel IV behandelten Erscheinung zu sehen ist und das durch den Satz aus Benno Höllteufels Gedicht *wea zoid schafd o* illustriert wird. Relativsätze wie z. B. *der Spieler, den der Trainer kritisiert hat*, werden von einem Relativpronomen eingeleitet. Im Bairischen kann zusätzlich zu dem Relativpronomen noch ein Einleitungswort vorhanden sein, so wie das schon bei abhängigen w-Fragen zu beobachten war. Im Unterschied zu Letzteren ist dieses zusätzliche Einleitungswort bei Relativsätzen aber nicht *dass,* sondern *wo.* Wie sich zeigen wird, erlaubt das *wo* in ganz bestimmten Fällen, dass das Relativpronomen weggelassen werden kann.

IN KAPITEL VII geht es um eine Eigenschaft, die das Bairische mit dem Italienischen, Lateinischen und einer Vielzahl weiterer Sprachen gemeinsam hat. Wie in dem Satz von Harald Grill »Wia s d as machst is s verkehrt« erkennbar, lässt das Bairische unter ganz bestimmten Umständen zu, dass das Subjekt weggelassen wird.

KAPITEL VIII analysiert zwei berühmte Sätze: einen Programm-titel von Bruno Jonas, »So samma mia«, und den Leitspruch des FC Bayern, »Mia san mia«. In beiden Sätzen steht das Verb in der ersten Person Plural (*wir*). Es sieht so aus, als habe das Bairische für diese Person zwei unterschiedliche Verb-Endungen. Es wird gezeigt, dass das in der Tat so ist, dass die Frage, welche Endung gewählt werden kann, aber davon abhängig ist, in welcher strukturellen Position das Verb steht. Um dies zu zeigen, benötigt man jedoch die Kenntnisse aus Kapitel III.

In KAPITEL IX geht es um eine rätselhafte Konstruktion des Bairischen, bei der zwei Sätze auf kunstvolle und komplizierte Weise miteinander »verschlungen« werden. Obwohl diese Konstruktion dem bairischen Muttersprachler nicht die geringsten Schwierigkeiten bereitet, ist ihre Analyse alles andere als einfach; auch dafür benötigt man das Instrumentarium aus Kapitel III.

Wer KAPITEL X gelesen hat, kann sich nicht nur leichter vorstellen, wo den Papst der Schuh drückt, er erfährt auch etwas über eine Besonderheit des Bairischen, die es im Standarddeutschen nicht gibt.

KAPITEL XI befasst sich mit einem spezifischen Aspekt bairischer Logik. Während im Standarddeutschen ein Satz wie *Ich kann nicht nicht wählen* bedeutet, dass nicht zu wählen nicht infrage kommt, bedeutet der Satz von Karl Valentin »Aber dös ko doch koa Mensch net schmecka«, dass kein Mensch das schmecken kann, und nicht, dass kein Mensch das nicht schmecken kann. Das Phänomen, dass mehrfache Negation keinen mehrfachen Negierungseffekt hat, findet sich neben dem Bairischen in zahlreichen Sprachen (u. a. im Italienischen).

Die Überschrift von KAPITEL XII »Wea bist n nacha du?« illustriert, dass in bairischen Fragen des w-Typs das Wort *denn* (bzw. *-n*) nicht ›denn‹ bedeutet und das Wort *nacha* nicht ›nachher‹. Es wird gezeigt, was diese Wörter dann für eine Funktion haben. Die Rolle von *denn* (*-n*) ist beispielsweise der Funktion spezifischer Elemente des Japanischen vergleichbar, die anzeigen, ob ein Satz eine Frage oder eine Behauptung darstellt.

Über die Natur der Sprache

KAPITEL I

DIE GLEICHHEIT UND DIE VERSCHIEDENHEIT DER SPRACHEN

(DAS WUNDER DES SPRACHERWERBS)

Dialekte werden im Allgemeinen unter die Kategorie der »Abweichung« subsumiert. Sie werden betrachtet als sprachliche Erscheinungsformen, die von den normativen Gegebenheiten einer wie auch immer definierten »Hoch-« oder »Standardsprache« mehr oder weniger stark abweichen. Um einzusehen, dass diese Betrachtung nicht adäquat ist, muss man sich einen Einblick verschaffen in die Vielfalt der Sprachsysteme, die die Sprachen der Welt aufweisen.

Diese Vielfalt ist beschränkt durch einen vorgegebenen Rahmen universeller Eigenschaften, die jedes Sprachsystem aufweisen muss, um überhaupt als eine Sprache zählen zu können. Die Frage ist, wie Dialekte angesichts der in diesem Sinne beschränkten Vielfalt natürlicher Sprachen einzuordnen sind.

In diesem Buch soll unter Bezug auf das Bairische gezeigt werden, dass Dialekte keineswegs durch Abweichungen von einer Standardsprache gekennzeichnet sind, sondern dass sie vielmehr ein eigenständiges Sprachsystem aufweisen, das in vielen Fällen reichhaltiger, komplizierter und faszinierender ist als sog. normativ definierte Standardsprachen. Dabei wird versucht, dem Laien jene Phänomene sichtbar zu machen, die über Aussprache und Wortgebrauch hinausgehen und die rätselhaften Struktureigenschaften ausmachen, die

Dialekten einen einzigartigen Status in den Sprachen der Welt zukommen lassen.

Worin aber besteht diese sprachliche Vielfalt, und inwiefern ist sie durch universelle Eigenschaften beschränkt, die alle Sprachen aufweisen?

Es kommt uns immer wie ein Wunder vor, wie schnell und mühelos Kinder ihre Muttersprache erwerben. In wenigen Jahren und ganz ohne erkennbare intellektuelle Anstrengung. Ganz gleich, ob es sich dabei um Deutsch, Italienisch, Russisch, Chinesisch oder Arabisch handelt. Das mag dem Laien »ganz normal« erscheinen (was es ja auch ist). Wenn man aber einmal einen Einblick in die extrem komplizierten Eigenschaften eines grammatischen Systems erhalten hat, dann grenzt es an ein Wunder, dass Kinder die jeweiligen Eigenschaften ihrer Grammatik »automatisch« erwerben, je nachdem, in welcher sprachlichen Umgebung sie aufwachsen.

Diese grammatischen Eigenschaften umfassen die Lauteigenschaften einer Sprache, ihre kombinatorischen Eigenschaften (also die Zusammenfügung von Wörtern zu größeren sprachlichen Einheiten wie z. B. Sätzen) sowie die Bedeutungseigenschaften einfacher und komplexer sprachlicher Ausdrücke.

Welchem Sprecher des Deutschen ist bewusst, dass ein Wort wie *Papa* von deutschen Kindern nicht einfach als eine Folge der Laute *p* und *a* ausgeprochen wird, sondern als eine Folge der Laute *ph* und *a*? Diesem Phänomen liegt eine Regel der deutschen Lautgrammatik zugrunde, derzufolge Laute wie *p*, *t* und *k* als *ph*, *th* und *kh* ausgesprochen werden (»aspiriert werden«), wenn sie am Beginn einer Silbe vorkommen. Diese Regel, die deutsche Kinder schon nach dem ersten Lebensjahr beherrschen, gibt es z. B. nicht im Italienischen. In dieser Sprache wird ein *p* am Silbenanfang auch als der Laut *p* ausgesprochen und nicht etwa als der Laut *ph*. Ein Wort wie *popolo* (›Volk‹) spricht das italienische Kind aus als *popolo*.

Interessanterweise können wir beobachen, dass deutsche Muttersprachler dieses italienische Wort als *phopholo*, also mit aspiriertem *p*-Laut aussprechen. Dieses Phänomen zeigt, dass der deutsche Muttersprachler, wenn er Italienisch lernt, versucht ist, die Lautregeln seiner Muttersprache auf die zu erlernende Fremdsprache Italienisch zu übertragen. Wir sagen dann, er spricht Italienisch mit deutschem Akzent. Der fremdsprachliche Akzent ist also nichts anderes als die Übertragung der muttersprachlichen Lautregeln auf eine andere Sprache.

Die kombinatorischen Eigenschaften einer Sprache betreffen Phänomene wie z. B. die Stellung des Verbs im Satz. Der Laie mag sich angesichts von Beispielen wie (1) fragen, an der wievielten Stelle das (jeweils fett gedruckte) Verb im deutschen Hauptsatz steht:

(1) a. Hans **liebt** Maria.
   b. Der Student **liebt** Maria.
   c. Der Student aus München **liebt** Maria.
   d. Der Student aus München, den ich gestern in der Mensa kennengelernt habe, **liebt** Maria.

Wir werden in Kapitel III sehen, dass das Verb in diesen Sätzen immer an der zweiten Position steht, dass der Begriff »zweite Position« aber offenkundig nicht auf die Anzahl der vorkommenden Wörter Bezug nehmen kann, sondern sich auf eine Position in einer dem Satz nicht anzusehenden Struktur bezieht. Im Allgemeinen beherrschen deutsche Kinder die Verbstellung im Hauptsatz nach Ablauf von drei Jahren. Bis dahin müssen sie also bereits über ein kompliziertes implizites »Strukturwissen« verfügen, das es ihnen erlaubt, den entsprechenden Gesetzmäßigkeiten der deutschen Sprache zu folgen.

Es ist klar, dass die strukturellen Eigenschaften der Verbstellung auch mit Bedeutungseigenschaften einhergehen. Wenn ein Kind die Verbstellung des Deutschen erwirbt, dann erwirbt es auch die »Kenntnis«, dass der Satz (2a) etwas anderes bedeutet als der Satz (2b):

(2)   a. Hans kann schon *Papa* sagen.
        b. Kann Hans schon *Papa* sagen?

Die zentrale Frage lautet nun: Woher haben die Kinder dieses sprachliche »Wissen«? Wie ist es möglich, dass sie sich diese komplizierten sprachlichen Fähigkeiten in kürzester Zeit aneignen konnten? Wenn man bedenkt, dass sich die Aneignung dieser Fähigkeiten unabhängig von der Intelligenz des jeweiligen Kindes vollzieht, dann wird das Phänomen des Spracherwerbs noch rätselhafter.

Man könnte nun annehmen, dass Kinder diese Fähigkeiten dadurch erwerben, dass sie von ihrer sprachlichen Umgebung (Eltern, Großeltern, Geschwister etc.) mit dem einschlägigen sprachlichen Input versorgt werden, diesen nachahmen bzw. Verallgemeinerungen vornehmen, die ihnen die entsprechenden Gesetzmäßigkeiten nahebringen. So eingängig diese Vorstellung vom kindlichen Spracherwerb auch sein mag, haltbar ist sie nicht.

Zum einen sind die sprachlichen Äußerungen, die das Kind von seiner Umgebung aufnimmt, häufig »defekt«. D. h. das Kind ist nicht selten mit unvollständigen Sätzen und ungenauer Aussprache konfrontiert. Es hört grammatische Fehlleistungen, wie sie häufig in gesprochener Rede vorkommen, sieht sich einer falschen Betonung ausgesetzt und hat über Ungenauigkeiten der Bedeutung hinwegzusehen. Woher soll das Kind also wissen, was die richtige grammatische Form, Aussprache und Bedeutung ist? Denn zweifellos erwirbt es trotz dieses defizitären sprachlichen Inputs die »richtige« Grammatik.

Hinzu kommt, dass man zeigen kann, dass das Kind im Laufe seiner Sprachentwicklung komplexe und komplizierte grammatische Phänomene erwirbt, für deren Erwerb ihm der sprachliche Input eigentlich keinen Anlass bietet. D. h. das Kind kann binnen Kurzem viel mehr, als es Anlass hat zu können.

Wir können feststellen, dass es Phänomene erworben hat, die ihm im Verlauf des Spracherwerbs gar nicht begegnet sind, deren Beherrschung also nicht das Resultat von Nachahmung und Verallgemeinerung sein kann. Dies liegt daran, dass die Datenbasis, die das Kind von seiner sprachlichen Umgebung geliefert bekommt, viel zu schmal ist, um ihm den Schluss auf all jene Phänomene zu ermöglichen, die es offenkundig erwerben kann, ohne je damit konfrontiert worden zu sein.

Ein einfaches Beispiel: Wer als Kind die deutsche Sprache erworben hat, besitzt die Fähigkeit zu beurteilen, ob eine bestimmte Lautfolge ein mögliches deutsches Wort sein könnte oder nicht, auch wenn es diese Lautfolge vorher noch nie gehört hat. Auch wenn ein deutscher Muttersprachler Lautfolgen wie *Bnid* oder *Strid* noch nie gehört hat, »weiß« er dennoch, dass *Strid* ein mögliches deutsches Wort sein kann, während dies bei *Bnid* nicht der Fall ist. Sprecher des Arabischen wissen demgegenüber, dass *Bnid,* nicht aber *Strid* ein mögliches Wort ihrer Sprache sein kann. In der Werbe-Industrie wird dieses intuitive Wissen über die Lauteigenschaften der Muttersprache bei der Kreation von Produktnamen berücksichtigt. *Bnid* wäre sicher keine gute Bezeichnung für eine deutsche Zahnpasta (Grewendorf/Hamm/Sternefeld 1987).

Der Laie mag nun einwenden, dass wir nicht berücksichtigt haben, dass Kinder ja nicht nur mit sprachlichen Daten konfrontiert sind, sondern dass sie von ihrer Umgebung auch explizit belehrt bzw. korrigiert werden, wenn sie etwas Falsches produzieren. Diesem Einwand ist zu erwidern, dass solche Belehrungen nicht sonderlich fruchtbar sind.

In der Spracherwerbsforschung ist gezeigt worden, dass Kinder gegenüber sprachlichen Korrekturen nachweislich resistent sind. So wird eine Anekdote berichtet, der zufolge ein kleiner Junge die Angewohnheit hatte, statt *warum* immer *wirum* zu sagen. Wiederholte Belehrungen, ergänzt durch Sanktionen, halfen nichts. Der einzige Effekt war, dass der Junge eines Tages zu seinem Opa sagte: *Sag mal, Opa, wirum sagst du eigentlich immer ›warum‹?*

In der englischen Literatur wird die folgende Anekdote berichtet: Als das Kind den grammatisch fehlerhaften Satz produziert (Leuninger/Keller 2004)

(3) Nobody don't like me.
    niemand   mag   mich

wird es von der Mutter korrigiert. Das heißt:

(4) Nobody likes me.

Nach acht Korrekturversuchen dieser Art sagt das Kind resigniert:

(5) Nobody don't likes me.

Offenkundig hatte das Kind gerade die Verwendung des Hilfsverbs *to do* gelernt und möchte nun unbedingt an dieser Verwendung festhalten (de facto also an einer falschen Verallgemeinerung). Als es von der Mutter immer und immer wieder korrigiert wird, ist es zwar zu der Konzession bereit, die Endung der dritten Person für das Verb *like* zu übernehmen, an seiner falschen Verallgemeinerung über die Verwendung von *to do* hält es jedoch nach wie vor fest. Diese Korrekturresistenz ist ein bekanntes Phänomen im kindlichen Spracherwerb.

Wenn also der Spracherwerb nicht das Resultat von Nachahmung und Verallgemeinerung sein kann, dann ist die zentrale Frage immer noch offen: Wie ist es möglich, dass ein Kind im Verlauf weniger Jahre und unabhängig von seiner Intelligenz eine so komplexe und komplizierte Fähigkeit wie die Beherrschung einer Grammatik erwirbt, ohne dass ihm dafür eine einschlägige und ausreichende Erfahrungsgrundlage zur Verfügung steht?

Wenn die Sprache nicht durch Nachahmung und Verallgemeinerung gelernt werden kann, dann muss die Fähigkeit, eine Grammatik zu erwerben, bereits im frühkindlichen Stadium vorhanden sein. In der Tat wird in der modernen Sprachwissenschaft und Kognitionsforschung angenommen, dass die Sprachfähigkeit angeboren ist. Die fundamentalen Eigenschaften der Sprache sind damit genetisch determiniert und gehören in ähnlicher Weise zur biologischen Ausstattung des Menschen wie etwa die Grundprinzipien des Sehens, des Rechnens oder anderer geistiger Fähigkeiten.

Es wurde daher die These aufgestellt, dass die Sprache eher in Analogie zu einem physischen Organ zu sehen ist und weniger in Analogie zu Fähigkeiten wie etwa Skifahren oder Klavierspielen, die man durch Anleitung, harte Arbeit und intensives Üben erlernt. Da all dies für den Erwerb der Muttersprache keine Rolle spielt, ist die Vorstellung, man müsse die Muttersprache »lernen«, eigentlich inkorrekt. Angemessener wäre es zu sagen, dass die Sprache »wächst«.

Was hat man sich unter dieser angeborenen Sprachfähigkeit vorzustellen? Offenkundig kann es nicht so sein, dass die Grammatik, die das Kind erwirbt, angeboren ist. Dann würde man ja erwarten, dass alle Menschen dieselbe Sprache sprechen. Es muss also eher so sein, dass die angeborene Sprachfähigkeit uns erst in die Lage versetzt, eine Grammatik zu erwerben. Man nimmt daher an, dass die angeborene Sprachfähigkeit als eine Menge von abstrakten universellen Prinzipien (die sog. »Universale Grammatik«) zu beschreiben ist, die eine Sprache ausmachen und die daher in allen Sprachen wirksam sind (Grewendorf 1995).

Diese Prinzipien bestimmen gewissermaßen, was eine mögliche Sprache ist. Welche Rolle spielt dann aber der sprachliche Input, mit dem das Kind konfrontiert ist? Wie wir gesehen haben, determiniert dieser Input nicht, DASS das Kind eine Sprache erwirbt. Er ist vielmehr dafür verantwortlich, WELCHE SPRACHE das Kind erwirbt.

Wenn nur die Sprachfähigkeit, nicht aber die Sprache selbst (im Sinne einer bestimmten Grammatik) angeboren ist, dann müssen wir annehmen, dass die Prinzipien der angeborenen Sprachfähigkeit Alternativen ermöglichen und dass erst die Fixierung dieser Alternativen zu einer spezifischen einzelsprachlichen Grammatik führt. Für diesen Prozess der Fixierung von grammatischen Alternativen spielt nun die sprachliche Umgebung des Kindes die entscheidende Rolle; d. h. die Frage, welche dieser Alternativen vom Kind ausgewählt werden, bestimmt sich danach, mit welchen sprachlichen Daten das Kind im Spracherwerb konfrontiert ist.

Da die Theorie der angeborenen Sprachfähigkeit mit ihren abstrakten universellen Prinzipien ohne theoretische Vorkenntnisse nur schwer nachzuvollziehen ist, möchte ich an einem Beispiel versuchen, dem Leser zumindest eine rudimentäre konkrete Vorstellung davon zu vermitteln.

Nehmen wir an, ein universelles Prinzip der Sprachfähigkeit besagt, dass jeder Satz ein Subjekt hat. Dies ist insofern plausibel, als Sätze sich mithilfe eines Verbs auf bestimmte Eigenschaften beziehen und dazu angeben müssen, welcher Person oder Entität sie diese Eigenschaften zuschreiben. Müssen wir dann aber nicht schließen, dass die folgenden Sätze des Italienischen und Lateinischen keine Sätze einer möglichen Sprache sind?

[Italienisch]

(6) Amo   Mimi.
    (ich) liebe   Mimi

[Latein]

(7) Ceterum   censeo   (Carthaginem esse delendam).
    im Übrigen   bin (ich) der Meinung   (dass Karthago zerstört werden muss)

Danach wäre dieses universelle Prinzip – jeder Satz hat ein Subjekt – nicht erfüllt. Diese Konsequenz lässt sich aber vermeiden, wenn wir annehmen, dass unser Prinzip, dass jeder Satz ein Subjekt hat, die Alternativen zulässt, dass dieses Subjekt durch ein Wort lexikalisch realisiert wird oder dass es unausgesprochen bleiben kann, weil man der Form des Verbs (1.Person Singular in den obigen Beispielen) entnehmen kann, was als Subjekt fungiert.

Damit ist angedeutet, dass die Option unausgesprochener Subjekte irgendwie damit zusammenhängt, ob eine Sprache über »reiche« Verb-Endungen verfügt, wie z.B. das Lateinische oder Italienische, oder ob das nicht der Fall ist, wie z.B. im Englischen.

Das Kind kann dann den sprachlichen Daten, die ihm seine Umgebung liefert, entnehmen, ob seine Sprache in Bezug auf die Realisierung von Subjekten eher zum Typ Latein und Italienisch oder zum Typ Englisch gehört. Es genügt, dass es Sätze hört, in denen das Subjekt nicht lexikalisch realisiert ist.

Wenn nun alle Optionen, die von den Prinzipien der universalen Grammatik offengelassen werden, fixiert sind, dann resultiert eine einzelsprachliche Grammatik. Der Erwerb der Muttersprache ist dieser Theorie zufolge also kein »Lernen« im eigentlichen Sinne (so wie wir etwa eine Fremdsprache lernen), sondern das Fixieren von Alternativen, die von der angeborenen Sprachfähigkeit, also den Prinzipien der universalen Grammatik, offengelassen werden.

Damit können wir auf die Frage nach der Gleichheit und der Verschiedenheit der Sprachen eine interessante Antwort geben. Die angeborenen Prinzipien der universalen Grammatik müssen sich in allen Sprachen nachweisen lassen. Folgt ein Fähigkeitssystem diesen Prinzipien nicht, dann kann es sich nicht um eine mögliche Sprache handeln, d.h. die universale Grammatik determiniert, was eine mögliche Sprache ist. Die Verschiedenheit der Sprachen und ihrer einzelsprachlichen Grammatiken resultiert demgegenüber aus den unterschiedlichen Fixierungen von Optionen der universalgrammatischen Prinzipien.

Wenn diese Theorie des Spracherwerbs korrekt ist, dann stellt sich natürlich die Frage, warum wir Fremdsprachen nicht genauso mühelos und intelligenzunabhängig erwerben können wie die Muttersprache.

Selbstverständlich kann das Kind mühelos mehrere Sprachen erwerben, aber dies ist nur dann möglich, wenn zwei entscheidende Bedingungen erfüllt sind: zum einen muss es den sprachlichen Daten der jeweiligen Sprachen ausgesetzt sein; zum anderen muss dieser sprachliche Input in einer bestimmten Phase seines Lebens erfolgen. Wenn diese Bedingungen erfüllt sind, kann das Kind mehrere Sprachen erwerben, und zwar ohne dass es die unterschiedlichen grammatischen Systeme miteinander vermischt.

Die Lebensphase, die den primärsprachlichen Erwerb einer Sprache ermöglicht, nennt man die »kritische Erwerbsphase«. Sie dauert in etwa bis zum Einsetzen der Pubertät (d. h. bis die synaptische Organisation des Gehirns fixiert ist). Wenn die Kinder innerhalb der kritischen Erwerbsphase keinen sprachlichen Input erwerben, sind sie nicht in der Lage, eine Muttersprache zu erwerben. Zwar können sie in späteren Lebensphasen durchaus eine Sprache lernen. Dies vollzieht sich dann aber mit den Mühen des fremdsprachlichen Lernens.

Eine unabhängige Bestätigung erfährt diese Theorie des Spracherwerbs durch den Nachweis, dass es auch in anderen Fähigkeitssystemen des menschlichen Geistes eine kritische Erwerbsphase gibt. Psychologen und Hirnforscher haben gezeigt, dass der Erwerb des visuellen Systems, also der Fähigkeit, dreidimensional zu sehen, ebenfalls durch universelle Prinzipien gesteuert ist, die nur operieren, wenn sie durch visuelle Eindrücke stimuliert sind und wenn dieser visuelle Input innerhalb einer kritischen Erwerbsphase erfolgt, die beim Erwerb des Sehens allerdings sehr viel kürzer ist als beim Spracherwerb.

Der Hirnforscher Wolf Singer berichtet von Menschen, die aufgrund eines Netzhautschadens blind auf die Welt kamen, deren Netzhautschaden aber im Alter von zwanzig durch einen mikrochirurgischen Eingriff beseitigt wurde. D. h. die optische Voraussetzung der

Sehfähigkeit wurde durch mikrochirurgische Eingriffe wiederhergestellt. Obwohl die physiologischen Voraussetzungen für ein intaktes visuelles System wieder gegeben waren, konnten diese Menschen dennoch nicht sehen. Die Ursache für dieses deprimierende Ergebnis wurde darin gesehen, dass die kritische Phase für den Erwerb des visuellen Systems vorbei war (vgl. Singer 1990).

Die Theorie der universalen Grammatik liefert uns also nicht nur eine Antwort auf die Frage, wie der rätselhafte Erwerb einer Sprache unter den genannten Bedingungen möglich ist, sie liefert uns auch eine Hypothese darüber, in welcher Hinsicht alle Sprachen gleich sind und in welcher Hinsicht sie variieren.

Die grammatische Variation, die von den universalgrammatischen Prinzipien zugelassen und von der sprachlichen Umgebung des Kindes determiniert wird, betrifft natürlich nicht nur grammatische Unterschiede zwischen »Nationalsprachen« wie Deutsch, Italienisch, Russisch, Chinesisch, Arabisch etc. Sie betrifft in derselben Weise die grammatischen Systeme von Dialekten. Dialekte sind mit ihren spezifischen grammatischen Eigenschaften als eigenständige Sprachsysteme anzusehen, die sprachlich gesehen denselben Status als eigenständige Sprachen beanspruchen können wie Nationalsprachen.

Die gesellschaftliche Geringschätzung, die Dialekten und Dialektsprechern häufig entgegengebracht wird, ist daher linguistisch ebenso ungerechtfertigt wie die Auffassung, dass das Deutsche gegenüber dem Italienischen Defizite aufweist, weil es nicht im selben Maße unausgesprochene Subjekte zulässt. Ebenso wenig wäre es linguistisch zu rechtfertigen, das Englische angesichts seiner Formenarmut als eine »defizitäre« Form des Lateinischen anzusehen, das sich durch einen Formenreichtum auszeichnet. Ein derartiger Blick auf die sprachliche Vielfalt verkennt die grundlegenden Eigenschaften der sprachlichen Variation und damit der Sprache überhaupt.

KAPITEL II

DER GESELLSCHAFTLICHE UND SPRACHLICHE STATUS DES DIALEKTS

(SPRACHE UND DIALEKT)

Dialekte wie z. B. das Bairische sind nicht aus einer Schrift- oder Standardsprache ableitbar. Dialekte resultieren nicht aus Abweichungen oder Irregularitäten der Schriftsprache. Sie sind eigenständige, historisch gewachsene Sprachen, die spezifische, in der Schriftsprache häufig nicht vorhandene Eigenschaften aufweisen.

Die Sprachsituation noch im Mittelalter war gekennzeichnet durch regionale dialektale Sprachräume, die in Abhängigkeit von der Mobilität ihrer Sprecher sehr klein sein oder eine überregionale Verbreitung erfahren konnten. Eine generelle deutsche Schreibsprache gab es nicht; die große Masse der Bevölkerung war ohnehin des Schreibens unkundig (die generelle Schriftsprache war Latein). Daher suggerieren geläufige Kategorisierungen wie z. B. »althochdeutsch« (750–1050) oder »mittelhochdeutsch« (1050–1350) eine Einheitlichkeit, die in der Realität keineswegs gegeben war. Beispielsweise ist das althochdeutsche Gedicht *Muspilli* (in der zweiten Hälfte des 9. Jahrhunderts entstanden) in der Sprache des altbairischen Dialekts verfasst.

Die Entwicklung einer relativ einheitlichen neuhochdeutschen Schriftsprache war Resultat eines Auswahlprozesses, der nicht zuletzt durch die Vereinheitlichungszwänge des Buchdrucks bedingt war und daher großflächig verbreitete und politisch dominierende

Sprachformen übernahm. In grober Vereinfachung kann man daher sagen, dass die Schrift- und Standardsprache aus dem Dialekt durch Vereinheitlichung, Vereinfachung und Selektion hervorgegangen ist (vgl. Renn/König 2006).

Entsprechend dem historischen Fehl- und Vorurteil über die Ursprünge des Dialekts wird Dialektsprechern nicht selten ein Bildungsdefizit bzw. ein gesellschaftliches Defizit unterstellt. Dies belegen nicht nur meine eigenen Kindheitserinnerungen. Aufgewachsen in Bad Reichenhall, sprach ich mit vielen meiner Freunde Bairisch. Tat ich dies zu Hause, wurde ich von meinem aus Pommern stammenden Vater gerügt, nicht »so geschert« zu sprechen. Diese negative Einschätzung des Dialekts hat sich offenkundig seither nicht grundlegend geändert, wie man dem Gedicht *Hoamat* von Geiss Haejm entnehmen kann, abgedruckt in dem von Bauernfeind et al. 2014 herausgegebenen Buch *Vastehst me*:

(1)	So	weit	habtses	fast	scho	bracht,
	so	*weit*	*habt-ihr-es*	*fast*	*schon*	*gebracht*
	dass	»boarisch«	schteht	für		gschead!
	dass	*»bairisch«*	*steht*	*für*		*geschert*

Meine Frau, eine ehemalige Studiendirektorin an einem bayrischen Gymnasium, berichtete mir von der Studienfahrt einer elften Klasse nach Berlin, in deren Bildungsprogramm bayrische Schüler auf ihre interessierten Fragen an einen Berliner Referenten die Antwort erhielten: »Sie können's mir auch auf Englisch sagen.«

Obwohl man heute sehr viel mehr über den gesellschaftlichen und linguistischen Wert von Dialekten weiß, ist die Diskriminierung von Dialektsprechern selbst in München immer noch an der Tagesordnung. Die Süddeutsche Zeitung berichtet in einem Artikel vom 22. 11. 2017, dass die Münchner Verkehrsgesellschaft einem Trambahnfahrer gekündigt hat, der einen Fahrgast »mit bairischen Ausdrücken» beleidigt hat, und der Hausmeister einer Fürstenrieder Schule wurde angeprangert, weil er »zu bairisch« rede.

Das Bairische steht seit 2009 auf der UNESCO-Liste der bedrohten Sprachen. Wissenschaftliche Forschungsschwerpunkte wie das von der Volkswagenstiftung geförderte Programm zu bedrohten Sprachen unterstreichen die kulturelle, soziale und linguistische Notwendigkeit, dem Aussterben der Sprachen entgegenzuwirken. Dennoch wird den Minderheitensprachen (und zu diesen gehört das Bairische) in der öffentlichen Wahrnehmung nur ein exotischer Status zugeschrieben.

Der Prestigeverlust des Dialekts zeigt sich in dem Vorurteil, dass Dialektsprecher sich nicht korrekt ausdrücken können, dass sie weniger gebildet sind als Sprecher einer akzentfreien Variante des Standarddeutschen und dass der Erwerb einer zweiten Sprache, nämlich des Hochdeutschen, durch die dialektale Erstsprachigkeit erschwert werde. Dem sprachlichen Inferioritätsgefühl, das zahlreiche Sprecher des Bairischen verspüren, wenn sie die Sepp-Jupp-Linie überschreiten, hat Franz Josef Strauß zwar mit großem Erfolg entgegengewirkt, dennoch erfährt das bayerische Selbstbewusstsein, wenn es sich nicht gerade auf den Fußball gründet, im norddeutschen Sprachraum hin und wieder sprachlich bedingte Erschütterungen.

Dabei sprechen auch die Sprecher des Norddeutschen keineswegs »nach der Schrift«. Schließlich sprechen sie *Rad* genauso aus wie *Rat*, und die Aussprache von *Komik* sieht nach dem *K* ein *h* vor, das in der Schrift ebenfalls nicht erscheint. Darüber hinaus denke man an Wörter wie *Tach*, *Ferd* oder *Hambuich*, die von der Schriftsprache fast so weit entfernt sind wie das bairische *Woid*.

Werner König zitiert in seinem Aufsatz »Wir können alles. Außer Norddeutsch« eine Passage aus der Autobiografie der Friedensnobelpreisträgerin Bertha von Suttner, die zeigt, dass die genannten Vorurteile nicht erst seit heute existieren:

»*Was mir an den Norddeutschen besonders wohlgefiel, war die*

*Sprache. Nicht nur, weil dieselbe den Akzent meines Mannes aufwies –
eine seiner Eigentümlichkeiten, in die ich mich zuerst verliebt hatte –,
sondern weil sie mir, im Vergleich zu der in Österreich üblichen Redeweise, ein höheres Bildungsniveau zu bekunden schien; oder vielmehr,
nicht nur schien, sondern in der Tat bekundete ... Wenn man Men-
schenwert nach der Bildungsstufe misst – und welchen richtigeren
Maßstab gäbe es wohl als diesen? –, so ist der Norddeutsche um ein
Stückchen mehr Mensch als der Süddeutsche ...–«*

Dass es für bayerische Schulen eine »Dialekt-Handreichung« gibt,
ändert an diesem Zustand ebenso wenig wie die Einrichtung sog.
»tschüssfreier Zonen«. Solange das Bairische primär mit Folklore as-
soziiert wird, wird die öffentliche Wahrnehmung diesen hochinteressanten Dialekt, dessen Erforschung sogar am *Massachusetts Institute
of Technology* Eingang gefunden hat, lediglich als eine »Sprache mit
Hirschhornknopf« ansehen.

Die soziale Geringschätzung des Dialekts geht einher mit einer to-
talen Unkenntnis der einzigartigen grammatischen Eigenschaften
von Dialekten, die diesen den Status eigenständiger Sprachen verlei-
hen. Man kann daher sagen, dass ein Kind, das im Erstspracherwerb
nicht nur die Standardsprache, sondern auch noch einen Dialekt erwirbt, gewissermaßen bilingual aufwächst (»innere Mehrsprachig-
keit«), was gegenüber monolingualen Sprechern einen sozialen Vor-
teil mit sich bringt.

In der Tat gibt es Untersuchungen, die zeigen, dass Kinder, die vor
dem Erwerb der Standardsprache einen Dialekt erwerben, über kom-
plexere Sprachkompetenz verfügen und sich bei einem späteren, se-
kundärsprachlichen Erwerb von Fremdsprachen leichter tun. Dies
kann sicherlich noch nicht den Schluss rechtfertigen, dass Dialekt
schlau macht (vgl. Kratzer 2005); dass Dialekterwerb der Ausbildung
sprachanalytischer Fähigkeiten förderlich ist, scheint jedoch in der
Spracherwerbsforschung unumstritten.

Dass trotz alledem der soziale Stellenwert von Dialekten als eher gering angesehen wird, hängt nicht zuletzt damit zusammen, dass der Laie die einzigartigen grammatischen Eigenschaften von Dialekten nicht erkennt. Zwar gibt es zahlreiche interessante Werke von Wissenschaftlern (»Dialektologen«), die sich professionell mit Dialekten beschäftigen und eine Vielzahl ihrer Charakteristika ausführlich beschreiben; diese Beschreibungen beziehen sich aber in der Regel auf die »sichtbaren« bzw. hörbaren Eigenschaften von Dialekten: auf die Bedeutung und Verbreitung von Wörtern (»lexikalische« bzw. »etymologische« Eigenschaften), auf die Besonderheiten der Aussprache (»phonologische« Eigenschaften) sowie auf das Formeninventar (»morphologische« Eigenschaften).

Ich befasse mich dagegen mit den nicht-sichtbaren und dem Laien verborgenen Eigenschaften des Bairischen. Diese sind hochinteressant, da sie eine außergewöhnliche strukturelle Vielfalt und Raffinesse aufweisen, die dem Bairischsprecher allen Anlass zu sprachlichem Selbstbewusstsein geben können. Man findet diese Eigenschaften auch in zahlreichen anderen Sprachen, was dem Bairischen eine »Internationalität« verleiht, die dem Laien notgedrungen verborgen bleibt.

Bevor wir uns detaillierter mit den faszinierenden (nicht-sichtbaren) Eigenschaften des Bairischen befassen, soll kurz geklärt werden, was man überhaupt unter »dem Bairischen« versteht.

Das Bairische ist nicht nur der Dialekt, der in Bayern gesprochen wird. Auch in Österreich, Südtirol und in einigen Sprachinseln der Schweiz und Norditaliens wird bairisch gesprochen. Dieses »Bairisch« existiert aber in so vielen Varianten, dass man es nicht nur auf Regionen, Gemeinden und Dörfer, sondern sogar auf einzelne Sprecher relativieren muss. Das Phänomen eines derartigen Variantenreichtums, das in fast allen Sprachen zu beobachten ist, wird in der modernen Sprachwissenschaft als »Mikrovariation« bezeichnet. Ich werde aber das Phänomen der Variation nicht weiter berücksichtigen, sondern meine Analysen auf meine eigenen grammatischen Intuitionen stützen, über die ich als Muttersprachler des Bairischen (aufgewachsen im Chiemgau und danach in München lebend) verfüge.

Dem aufmerksamen Leser wird aufgefallen sein, dass in »Muttersprachler des Bairischen« eine andere Schreibweise vorliegt als in »Bayerischer Wald« oder »Bayerischer Rundfunk«. Ohne hier auf den Ursprung dieser orthografischen Variation eingehen zu wollen (vgl. Schmid 2012, *Bayerisches Wörterbuch*), sei lediglich auf die Konvention verwiesen, dass man sich mit der Schreibweise »bayerisch« (bzw. verkürzt »bayrisch«) auf eine geografische und politische Kategorie bezieht, während man sich mit der Schreibweise »bairisch« auf eine sprachliche Kategorie bezieht. Man kann also sagen, dass auf bayerischem Boden nicht nur bairisch gesprochen wird (sondern z. B. auch schwäbisch) und dass das Bairische auch in nicht-bayerischen Regionen zu finden ist (z. B. in Österreich).

Kommen wir zurück auf die oben angesprochenen »sichtbaren« bzw. hörbaren Eigenschaften des Bairischen, wie sie in der traditionellen dialektologischen Literatur beschrieben werden. Im Rahmen von Untersuchungen zur Bedeutung und Verbreitung von bairischen Wörtern findet man dort z. B. die lexikalische Feststellung, dass bairisch *Gloiffe* so viel bedeutet wie ›ungehobelter Kerl, Rüpel, Trottel‹. Zur Herkunft dieser Bezeichnung gibt es die unterschiedlichsten Spekulationen. Einer Hypothese zufolge geht dieses Wort etymologisch auf *Agilolfinger* zurück, den Namen einer (vermutlich) fränkischen Adelsfamilie (vgl. Reiser 1985), die ab dem 6. Jahrhundert nicht nur Herzöge von Bayern und Schwaben, sondern auch Könige der Langobarden stellte. Eine andere Erklärung lautet, dass das mittelhochdeutsche Wort *glêve* (›Lanze‹) Pate gestanden hat, das in übertragener Bedeutung für ›Lanzenträger, Landsknecht‹ verwendet worden ist. Auch das Jiddische bzw. Hebräische wurde für eine Herleitung bemüht, genauso wie das althochdeutsche Wort *klioban* (›spalten‹), woraus sich nordbairisch *gloim* bzw. *gluim* entwickelt habe, sodass der Gloiffe ursprünglich mit einem Holzklotz in Zusam

33

menhang stehe (vgl. *Mittelbayerische Zeitung* 2008). Resümee: Der Gloiffe ist uns nach wie vor ein Rätsel.

Oder die traditionelle Dialektologie sagt uns, dass bairisch *Graffe(l)* so viel bedeutet wie ›Gerümpel‹ oder ›unbrauchbares Zeug‹ und dass dieses Wort auf das mittelhochdeutsche Verb *raffen* bzw. *raffeln* zurückgeht und u. a. bedeutet ›zupfen‹, ›rupfen‹, ›eilig an sich reißen‹ (*Etymologisches Wörterbuch des Deutschen*).

Eine lexikalische Feststellung, die den regionalen Charakter vieler bairischer Wörter illustrieren kann, betrifft die Beobachtung, dass der Donnerstag im Bairischen von Mittenwald bis Wasserburg am Inn *Pfintzta* (›Pfinztag‹) heißt und dass diese Bezeichnung sich von griechisch *pémptē hēméra* herleitet, was ›fünfter Tag‹ bedeutet (Renn/König 2006: 105).

Beschreibungen spezifisch bairischer Partikeln wie z. B. des auf das Adjektiv *fein* zurückgehenden Ausdrucks *fei* (wie etwa in *Des ghört fei mir*) sind keineswegs sonderlich präzise und bilden nach wie vor einen schwierigen Gegenstand der lexikalischen Forschung. Die spezielle Bedeutung von *fein*, aus der sich die Bedeutung der Partikel *fei* entwickelt haben könnte, liegt z. B. vor in Volksliedern wie *Fein sein, beinander bleibn* oder *Brüderlein fein Brüderlein fein, musst mir ja nicht böse sein*.

In bairischen Wörterbüchern findet sich der unzureichende Versuch, die Bedeutung dieser Partikel durch Angabe bedeutungsgleicher Wörter (›Synonyme‹) wie z. B. *wirklich, wohl, doch, übrigens* etc. zu beschreiben. In der sprachwissenschaftlichen Literatur begegnet man umfassenderen Bedeutungsbeschreibungen, wie z. B. der Erläuterung, dass in einem Satz wie *Des is fei gfearlich* (›Das ist fei gefährlich‹) das *fei* in etwa die Bedeutung hat: ›Ich möchte dich darauf aufmerksam machen, dass das gefährlich ist‹ (vgl. Schlieben-Lange 1979, Schmid 2012: 123f). Obwohl diese Erläuterung auch nicht gerade präzise ist, scheint sie die konversationelle Rolle dieser Partikel relativ gut zu treffen.

Aussagen zur Besonderheit der Aussprache beziehen sich z. B. auf das Phänomen, dass die Konsonanten *l* und *r* im Bairischen als Vokale ausgesprochen werden, wenn ihnen ein das Ende der Silbe markierender weiterer Konsonant folgt, also z. B. *koid* für ›kalt‹ oder *Beag* für ›Berg‹ (Renn/König 2006: 65, Steininger 1993: Abschn. 7.5).

Oder es wird auf die große Palette von Diphthongen in den verschiedenen bairischen Mundarten verwiesen. Diphthonge sind Kombinationen aus einem Vokal und einem sog. »Gleitlaut« wie z. B. *j* (Grewendorf/Hamm/Sternefeld 1987). Ein schönes bairisches Beispiel mit drei Diphthongen ist: *s Mai voi Mẹi* (›das Maul voll Mehl‹) (Zehetner 1985: 78) (Zehetner unterscheidet 21 Diphthonge im Bayerischen Wald zwischen Cham und Regen).

Morphologische, also das Formeninventar betreffende Aussagen zum Bairischen beziehen sich z. B. auf die Beobachtung, dass das Bairische keinen possessiven Genitiv besitzt, sondern diesen durch den possessiven Dativ ersetzt. Also statt *Peters Frau* heißt es im Bairischen *am Peter sei Frau* (›dem Peter seine Frau‹).

Weitere morphologische Beobachtungen zum Bairischen betreffen z. B. den Ersatz des Präteritums durch das Perfekt (statt *Peter kam* heißt es *Der Peter is kemma*) oder den subtilen Unterschied zwischen *auffi* (›hinauf‹) und *auffa* (›herauf‹), wo die Endung *-i* anzeigt, dass die Bewegung vom Sprecher weggeht, während die Endung *-a* signalisiert, dass der Sprecher Ziel der Bewegung ist (ähnlich *aussi* vs. *aussa*) (Renn/König 2006: 99, Rowley 2014: 23).

Selbst wenn Besonderheiten der Bildung von Sätzen analysiert werden, begnügen sich diese Analysen mit der Beschreibung dessen, was man den Sätzen »ansieht«. Das kann man z. B. an der Bildung von Relativsätzen illustrieren. Dabei kann man sich eine erste Vorstellung davon machen, was mit der Rede von »nicht-sichtbaren« Eigenschaften der Sprache gemeint ist.

Relativsätze sind Nebensätze, die dazu dienen, eine in der Regel durch ein Substantiv ausgedrückte Bezugsgröße näher zu bestimmen (mehr dazu in Kapitel VI). Sie werden im Standarddeutschen durch d-Pronomina wie *der, die, das* bzw. durch *welcher, welche, welches* eingeleitet und haben eine ähnliche Funktion wie Adjektive, die einem Nomen hinzugefügt werden:

(2)   a. die blonden Studenten

       b. die Studenten, die/welche blond sind

       c. der Student, den ich gestern im Biergarten kennengelernt habe

In (2a) wird durch das Adjektiv *blond* nur auf jene Teilmenge der Studenten Bezug genommen, die blonde Haare aufweist. Dieselbe Funktion hat der Relativsatz *die/welche blond sind* in (2b). In (2c) wird durch den Relativsatz *den ich gestern im Biergarten kennengelernt habe* näher bestimmt, von welchem Studenten die Rede ist.

In der bairischen Grammatik von Ludwig Merkle (Merkle 1975) heißt es zu Relativsätzen, dass im Bairischen das Wort *wo* als Relativpronomen vorkommen und die Relativpronomina *der/die/das* ersetzen kann, wie an den Beispielen in (3) illustriert:

(3)	a. Dea	Mo	dea	des	gsogt	hot
	der	*Mann*	*der*	*das*	*gesagt*	*hat*
	b. Dea	Mo	wo	des	gsogt	hot

Dazu wird festgestellt, dass das *wo,* das als nicht-deklinierbares Element ja keine Kasusendung aufweisen kann, den Kasus des Nomens »übernimmt«, auf das es sich bezieht. Da in den Beispielen in (3) *dea Mo* (›der Mann‹) im Nominativ steht (also auf die Frage ›wer oder was‹ antwortet), würde danach das *wo* den Nominativ von *dea Mo* »übernehmen«.

Nun sieht es auf den ersten Blick in der Tat so aus, als würde das *wo* in (3b) das Relativpronomen in (3a) ersetzen. Diesem oberflächlichen Eindruck widerspricht aber schon die Beobachtung, dass dieses *wo* erhalten bleiben kann (und nach der Intuition vieler bairischer Dialektsprecher sogar erhalten bleiben muss), wenn das Relativpronomen *dea* präsent ist, wie in (4):

(4) Dea   Mo   dea   wo   des   gsogt   hot

Es ist aber äußerst ungewöhnlich, dass ein Relativsatz von zwei Relativpronomina eingeleitet wird. Dies spricht eher dafür, dass das *wo* in bairischen Relativsätzen kein Relativpronomen darstellt, sondern als ein Element anderer Art fungiert. Da ein Relativsatz aber ein Relativpronomen enthalten muss, kann man nur schließen, dass in Sätzen wie (3b) ein Relativpronomen zwar vorhanden, aber eben nicht sichtbar ist.

Dieser Schluss wird bestätigt durch die Beobachtung, dass das *wo* nur dann einen Relativsatz einleiten kann, wenn das potenzielle Relativpronomen denselben Kasus haben müsste wie das Wort, auf das es sich bezieht. In (3b) steht das Bezugswort *dea Mo* im Nominativ, und das potenzielle Relativpronomen müsste ebenfalls im Nominativ stehen (wer oder was hat das gesagt). Falls Letzteres einen anderen Kasus haben müsste als das Bezugswort, scheint ein Analogon zu (3b) nicht mehr möglich. Das Relativpronomen muss dann sichtbar vorhanden sein. Ein solcher Fall liegt vor in (5a), wo das Bezugswort nach wie vor im Nominativ steht, für ein Relativpronomen aber ein Dativ verlangt ist.*

5)	a.	*Dea	Mo	wo	i	ghoifa	hob
		der	*Mann*	*wo*	*ich*	*geholfen*	*habe*
	b.	Dea	Mo	dem	wo	i	ghoifa	hob
		der	*Mann*	*dem*	*wo*	*ich*	*geholfen*	*habe*

---

* Das Sternchen »*« zeigt an, dass ein Satz grammatisch nicht möglich ist.

Da das *wo* als nicht-deklinierbares Wort gar keinen Kasus haben kann, kann der Grund für die Ungrammatikalität von (5a) also nicht darin liegen, dass das *wo* keinen Kasuswechsel wiedergeben kann.

Diese kurze Betrachtung bairischer Relativsätze sollte illustrieren, dass interessante Eigenschaften von Sätzen (im Bairischen wie in anderen Sprachen) sich nicht zeigen, wenn man nur das »sichtbare« Sprachmaterial berücksichtigt.

Die spannendsten Eigenschaften von Dialekten (wie von Sprachen generell) sind nicht »sichtbar« und bleiben daher dem Laien (wie der reinen Sprachbeschreibung) notgedrungen verborgen.

Mein Anliegen ist, den Lesern einen Einblick in diese einzigartigen, aber unsichtbaren Eigenschaften des Bairischen zu geben, sie also auf eine verständliche Weise »sichtbar« zu machen. Es soll erkennbar werden, dass dieser Dialekt Eigenschaften aufweist, die ihn zu einer der interessantesten und faszinierendsten Sprachen Europas machen, ganz abgesehen davon, dass dem Bairischen auch als Forschungsgegenstand in den renommiertesten Institutionen der modernen Sprachwissenschaft eine herausragende Rolle zukommt.

Viele dieser hochinteressanten nicht-sichtbaren Eigenschaften des Bairischen kommen zwar nicht im Standarddeutschen vor, lassen sich aber in anderen Sprachen der Welt nachweisen, ein weiteres Indiz für den »weltläufigen« Charakter dieses Dialekts.

Um das zu illustrieren und zu begründen, muss man sich genauer damit beschäftigen, was mit der Nicht-Sichtbarkeit der Sprache gemeint ist.

KAPITEL III

NICHT-SICHTBARE EIGENSCHAFTEN DER SPRACHE

(SPRACHE UND STRUKTUR)

Mache die Dinge so einfach wie möglich – aber nicht einfacher.

(Albert Einstein)

Der Trainer der deutschen Fußballnationalmannschaft beklagt sich bisweilen darüber, dass er es in Bezug auf seine Aufstellungen und Strategien mit Millionen von selbst ernannten Fußballtrainern zu tun hat. Und in der Tat: Viele, die regelmäßig Fußballspiele anschauen, sei es im Stadion, sei es im Fernsehen, fühlen sich als potenzielle Bundestrainer. Mit einer ähnlichen Ansammlung potenzieller Experten hat man es in Bezug auf die Sprache zu tun. Wer die deutsche Sprache beherrscht, ist nicht selten der Auffassung, dass er aufgrund seiner Kompetenz als deutscher Muttersprachler auch ein Wissen über die Sprache hat: »Für mich ist Sprache das und das ...« etc. Fragt man diese »linguistischen Bundestrainer« aber, wo denn das finite Verb im deutschen Hauptsatz steht, müssen sie meist passen.

Es gibt so ungeheuer viel Spannendes über die Sprache zu wissen, insbesondere über ihre nicht-sichtbaren Eigenschaften, dass es sich lohnt, ein paar intellektuelle Anstrengungen auf sich zu nehmen, um zu erkennen, über welche unglaublichen kognitiven Fähigkeiten die Sprecher einer natürlichen Sprache mühelos und unabhängig von ihrer Ausbildung und Intelligenz verfügen. Diese Anstrengungen bringen als weiteren Gewinn, dass sie uns auch einen Einblick in die nicht-sichtbaren Wunder des Bairischen ermöglichen.

Das hier dargestellte linguistische Rüstzeug ist keineswegs »nutzloses Zeug« (*linguistisches Graffe(l)*, wie der Bayer sagen würde), sondern ein notwendiges Instrumentarium, um sich die faszinierenden grammatischen Eigenschaften bairischer Sätze zu erschließen.

Sätze sind nicht einfach eine Folge von Wörtern, sondern sie besitzen eine Struktur. Eine Struktur ist aber etwas Abstraktes, das man den Sätzen nicht ansieht. Schließlich sieht bzw. hört man ja nur die Folge von Wörtern.

Essenzielle Eigenschaften von Sprachen sind strukturelle Eigenschaften, die man nur erkennen kann, wenn man über ein strukturtheoretisches Instrumentarium verfügt. Selbstverständlich gibt es Strukturbegriffe unterschiedlicher Komplexität und Kompliziertheit. Für die Zwecke dieses Buches benötigen wir keine komplizierten Strukturen, es reichen ein paar grundlegende strukturelle Mittel, die auch der Laie ohne Schwierigkeiten verstehen kann.

Bei der Darstellung dieses strukturellen Rüstzeugs beschränke ich mich auf das Notwendige. Also *Gemma's o*, wie der Bayer sagen würde.

Fragen wir uns angesichts der folgenden Beispiele, an der wievielten Position das finite Verb im deutschen Hauptsatz steht. Unter dem »finiten Verb« versteht man ein Verb, das durch Endungen für Person und Tempus markiert ist. Man spricht dann auch von einem »flektierten« Verb. In den folgenden Sätzen ist das finite Verb jeweils fett gedruckt:

(1)   a. München **liegt** an der Isar.

       b. Die Hauptstadt Bayerns **liegt** an der Isar.

       c. Die schöne Hauptstadt Bayerns **liegt** an der Isar.

       d. Die schöne Hauptstadt des flächenmäßig größten Bundeslandes **liegt** an der Isar.

       e. Die schöne Hauptstadt des flächenmäßig größten Bundeslandes, die 1,5 Millionen Einwohner hat, **liegt** an der Isar.

Es sieht so aus, als würde das fett gedruckte Verb des Hauptsatzes in (1a) an der zweiten, in (1b) an der vierten, in (1c) an der fünften, in (1d) an der achten und in (1e) an der dreizehnten Stelle stehen. Wäre diese Beschreibung der Verbposition tatsächlich korrekt, dann wäre es undenkbar, dass Kinder beim Erwerb der deutschen Muttersprache die Verbstellung erlernen könnten. Man vergegenwärtige sich nur, dass die Anzahl der Wörter vor dem finiten Verb beliebig erweiterbar ist, wie wir das etwa in (1f) sehen können:

(1)   f. Die schöne Hauptstadt des flächenmäßig größten, an der
            Grenze zu Österreich gelegenen Bundeslandes, die 1,5 Millionen
            Einwohner hat und sich eines international bekannten Fußball-
            klubs rühmen darf, **liegt** an der Isar.

Man müsste sagen, dass das finite Verb in (1f) an der 27. Stelle steht. Das kann aber nicht sein. Schließlich lernen Kinder die Bildung deutscher Hauptsätze, bevor sie überhaupt zählen können. Faktum ist, dass sich das finite Hauptverb in allen Sätzen unter (1) an der zweiten Position des Satzes befindet. Diese Position *können wir aber nicht sehen*. Der Grund liegt in der *Struktur* der Sätze, die man ihnen nicht ansieht, die also etwas Abstraktes ist. Mit der Redeweise von der »zweiten Position« bezieht man sich auf eine solche Struktur und meint die zweite Position *in dieser Struktur*. Man bezieht sich also nicht auf eine Position in der linearen Abfolge von Wörtern, sondern auf eine *strukturelle* Position.

Die Struktur eines Satzes ist also eine abstrakte Kategorie, und man benötigt irgendeine Art von theoretischem Instrumentarium, um sie sichtbar zu machen. Wenn wir sagen, dass das Hauptverb in den Sätzen in (1) die zweite Position einnimmt, dann bedeutet dies, dass die Wortfolgen, die dem finiten Verb in den Sätzen (1a-f) vorangehen, trotz ihrer unterschiedlichen Anzahl von Wörtern jeweils eine einzige Position einnehmen, nämlich die erste Position des Sat-

41

zes. Daraus folgt, dass diese Wortfolgen unabhängig von der Anzahl der enthaltenen Wörter eine strukturelle Einheit bilden müssen.

Im Folgenden wollen wir uns ein ganz einfaches, auch für den Laien verständliches Strukturmodell ansehen, das es uns nicht nur erlaubt, die Redeweise von der Anzahl struktureller Positionen im Satz plausibel zu machen, sondern das uns auch Aufschluss gibt über unterschiedliche Eigenschaften von solchen Positionen. Dies ist unerlässlich, um die faszinierenden nicht-sichtbaren Eigenschaften bairischer Sätze sichtbar zu machen.

Vergleichen wir dazu den englischen Satz (2) mit dem deutschen Satz (3):

(2)   John kissed Mary.

(3)   Hans küsste Maria.

Was wir »sehen«, ist eine große Ähnlichkeit dieser beiden Sätze. Wir werden aber gleich »erkennen«, dass diese beiden Sätze trotz ihrer sichtbaren Ähnlichkeit ganz unterschiedliche Strukturen besitzen.

Beide Sätze haben die Form Subjekt-Verb-Objekt, sodass der Schluss naheliegt, dass auch im englischen Hauptsatz das finite Verb die zweite Position einnimmt. Entgegen allem Anschein ist dies jedoch nicht der Fall, und entgegen allem Anschein sind die beiden Sätze (2) und (3) strukturell überhaupt nicht ähnlich, sondern besitzen ganz unterschiedliche Strukturen.

Ein erstes Argument für diese These liefert uns die Beobachtung, dass der deutsche Satz (3) auch aussagen kann, dass die Maria den Hans küsste, eine Lesart, die der englische Satz auf keinen Fall haben kann. Mit anderen Worten, das Element vor dem finiten Verb im deutschen Satz (3) kann im Prinzip auch von einem Objekt eingenommen werden, wie in dem Beispiel (4):

(4)   Den Studenten küsste Maria.

Im Englischen kann ein Satz wie (5) dagegen niemals die Bedeutung haben, dass Mary den Studenten küsste:

(5)   The student kissed Mary.

Ein weiterer Unterschied zwischen (2) und (3) zeigt sich, wenn wir registrieren, dass die Position vor dem finiten Verb im deutschen Satz (3) nicht nur von einem Objekt eingenommen werden kann, sondern auch von einem Adverb wie in (6):

(6)   Gestern küsste Maria den Studenten.

Im Englischen dagegen kann ein Adverb in der Regel nicht unmittelbar vor dem finiten Verb stehen, wie das ungrammatische Beispiel (7) zeigt (die Ungrammatikalität von Beispielen ist mit einem Sternchen gekennzeichnet):

(7)   *Yesterday kissed   Mary   the   student.
       gestern   küsste   Mary   den   Studenten

Wir können aus diesen Beobachtungen also schließen, dass im englischen Aussagesatz die Position vor dem finiten Verb in der Regel die Position des Subjekts ist, während im deutschen Aussagesatz die Position vor dem finiten Verb nicht nur von einem Subjekt, sondern auch von einem Objekt oder einem Adverb eingenommen werden kann. Diese Schlussfolgerung wiederum impliziert, dass es sich in den Beispielen (2) und (3) bei den Positionen vor dem finiten Verb entgegen allem Anschein um *unterschiedliche* Positionen handeln muss. Versuchen wir herauszufinden, wie die Unterschiede zwischen diesen Positionen strukturell charakterisiert werden können.

Dass die Position vor dem finiten Verb in dem englischen Beispiel (2) zwar in der linearen Wortfolge die erste Position ist, dass dies jedoch nicht die erste Position *in einer nicht-sichtbaren Satzstruktur* ist, wird klar, wenn wir den englischen Fragesatz (8) betrachten:

(8) Who has John kissed?
     wen hat John geküsst

Wir haben bereits gesehen, dass die Position des englischen Subjekts die Subjektposition ist, in der keine anderen Elemente des Satzes stehen können. Wir können daher annehmen, dass das Subjekt *John* auch in Beispiel (8) in der Position des Subjekts steht, also in derselben Position wie in Beispiel (2).

Allerdings sehen wir an (8), dass in englischen Fragesätzen mit w-Pronomina sowohl das finite Verb als auch das Fragepronomen der Subjektposition vorausgehen. In (8) stehen sowohl das Fragepronomen *Who*, das nach dem Objekt fragt, als auch das finite Verb *has* vor dem Subjekt. Offenkundig müssen also vor der Subjektposition noch weitere Positionen zur Verfügung stehen, in denen diese beiden Elemente lokalisiert sind.

Daraus folgt aber, dass die Position des englischen Subjekts nicht die erste strukturelle Position des Satzes sein kann und dass sich daher in dem Aussagesatz (2) das finite Verb, das hier dem Subjekt folgt, auch nicht in der zweiten strukturellen Position befinden kann. Dass das finite Verb in (8) dem Subjekt vorangeht, ist ein Spezialfall, der mit der Bildung von w-Fragen zusammenhängt.

Vergleichen wir nun das englische Beispiel (8) mit dem entsprechenden Fragesatz des Deutschen:

(9) Wen hat Hans geküsst?

Jetzt können wir in der Tat eine Parallele zwischen dem deutschen und dem englischen Fragesatz beobachten: In beiden Sätzen wird die Position vor dem finiten Verb von einem Nicht-Subjekt eingenommen, nämlich von einem Objekt. Wenn also die Position vor dem finiten Verb in den Sätzen (8) und (9) eine Position ist, in der auch Nicht-Subjekte stehen können, dann sollte es sich hier um eine Position handeln, die zwar der präverbalen Position in dem deutschen Satz (3), nicht aber der präverbalen Position in dem englischen Beispiel (2) entspricht.

Es sieht also so aus, als würde die Position des Objekt-Frageworts *Who* in dem englischen Beispiel (8) nicht nur der präverbalen Position in dem deutschen Fragesatz (9) entsprechen, sondern auch der Position vor dem finiten Verb in den deutschen Beispielen (3), (4) und (6), die ebenfalls von einem Nicht-Subjekt eingenommen werden kann.

Wir müssen also entgegen allem Anschein annehmen, dass die Position vor dem finiten Verb in dem englischen Beispiel (2) die Subjektposition ist, während die Position vor dem finiten Verb in dem deutschen Beispiel (3) mit der Position vor den finiten Verben in (8) oder (9) identisch ist, in der nicht nur ein Subjekt, sondern auch ein Objekt oder Adverb stehen kann.

Diese Ergebnisse können wir uns an einem einfachen Strukturmodell veranschaulichen, das entwickelt worden ist, um die sog. Klammerstruktur des deutschen Satzes zu analysieren (Grewendorf 1988). Ausschlaggebend war dabei die Beobachtung, dass das Verb im deutschen Satz diskontinuierlich auftreten kann, d. h. dass es in zwei Teile aufgespalten sein kann, die einen großen Teil des Satzes einklammern. Dies sieht man an einem Satz wie (10), in dem die Klammerteile hervorgehoben sind:

(10) Den Studenten **hat** Maria gestern im Kino vor den Augen ihrer Mutter zum zweiten Mal **geküsst**.

Eine analoge Beobachtung können wir machen, wenn wir uns vergegenwärtigen, dass bei einem Verb wie *abholen* das Präfix *ab-* und der Rest des Verbs eine ähnliche Klammerstruktur bilden können. Man

45

vergleiche das Vorkommen dieses Verbs in dem Nebensatz in (11a)
mit seinem Vorkommen in dem Hauptsatz (11b):

(11)   a. (Hans hat versprochen), dass er Maria am Bahnhof **abholt**.
        b. Hans **holte** Maria am Bahnhof **ab**.

Wenn in einem Satz wie (11b) die Teile des Verbs eine linke bzw.
rechte Satzklammer bilden, dann sieht man, dass diese beiden Klammern drei »Felder« erzeugen: das Feld vor der linken Satzklammer,
das als »Vorfeld« bezeichnet wird, den Bereich zwischen den Klammern, den man als »Mittelfeld« bezeichnet, und das Feld nach der
rechten Satzklammer, das man als »Nachfeld« bezeichnet. Diese
strukturelle Aufteilung eines Satzes in Klammern und Felder führte
zur sog. »Struktur der topologischen Felder«, die sich schematisch
wie folgt darstellen lässt (»LSK« bzw. »RSK« stehen für »linke« bzw.
»rechte Satzklammer«):

(12)   VORFELD   LSK   MITTELFELD   RSK   NACHFELD

Wie wir gesehen haben, ist die präverbale Position im deutschen Aussagesatz im Gegensatz zum englischen Aussagesatz nicht die Subjektposition. Sie entspricht vielmehr der Position des Fragewortes in einer englischen w-Frage. Diese Unterschiede können wir strukturell
repräsentieren, indem wir die Sätze (3), (6), (8), (9) und (2) wie folgt
den topologischen Feldern in (12) zuordnen:

(13)   VORFELD   LSK   MITTELFELD   RSK   NACHFELD
        Hans   *küsste* *Maria*
        Gestern *küsste* *Maria   den Studenten*
                            John   kissed   Mary
        Who   *has*   *John   kissed*
        Wen   *hat*   *Hans   geküsst*

Man sieht, dass die Subjektposition am Anfang des Mittelfeldes zu lokalisieren ist und dass die zweite Position im Satz durch die linke Satzklammer repräsentiert ist und nicht durch die Position des Verbs im englischen Aussagesatz, in dem das finite Verb dem Subjekt folgt. Sprachen, in denen das Verb im Aussagesatz immer die Position der linken Satzklammer einnimmt, nennt man auch »Verb-Zweit-Sprachen«. Mit Ausnahme des Englischen sind alle germanischen Sprachen (also das Deutsche, Holländische sowie alle skandinavischen Sprachen) Verb-Zweit-Sprachen. Die Position vor dem finiten Verb, also das Vorfeld, ist hier eine Position, die auch von Nicht-Subjekten eingenommen werden kann. Rechte Satzklammer und Nachfeld können unbesetzt bleiben.

Mit diesem einfachen strukturellen Instrumentarium können wir schon einige der nicht-sichtbaren Eigenschaften bairischer Sätze sichtbar machen. Nur noch eine kleine Ergänzung ist nötig, die die topologische Struktur von Nebensätzen betrifft. Nicht-interrogative Nebensätze, also Nebensätze, die keinen indirekten Fragesatz repräsentieren, werden im Deutschen häufig von dem satzverknüpfenden Konjunktionswort *dass* eingeleitet und weisen eine finale Stellung des finiten Verbs auf wie z. B. in (14a). Analoges gilt für interrogative Nebensätze. Diese werden entweder mit dem Konjunktionswort *ob* oder einem w-Ausdruck wie *wer, was, welcher Student* eingeleitet und weisen ebenfalls eine Endstellung des Verbs auf, wie z. B. in (14b) und (14c)

(14) a. Peter glaubt, **dass** Hans Maria geküsst **hat**.

 b. Peter weiß nicht, **ob** Hans Maria geküsst **hat**.

 c. Peter weiß nicht, **wer** Maria geküsst **hat**.

Eine Verb-Zweit-Stellung ist in diesen Fällen nicht möglich:

(15)   a. *Peter glaubt, dass Hans hat Maria geküsst.

        b. *Peter weiß nicht, ob Hans hat Maria geküsst.

        c. *Peter weiß nicht, wer hat Maria geküsst.

Es gibt aber im Deutschen auch die Möglichkeit, Nebensätze ohne eine einleitende Konjunktion zu bilden. Interessanterweise muss dann aber das finite Verb die zweite Position einnehmen:

(16)   a. Peter glaubt, Hans **habe** Maria geküsst.

        b. Peter glaubt, den Studenten **habe** Maria geküsst.

        c. *Peter glaubt, den Studenten Maria geküsst **habe**.

Diese »komplementäre« Verteilung der Konjunktion *dass* mit dem in Zweit-Position befindlichen finiten Verb hat zu der Annahme geführt, dass diese beiden Elemente dieselbe Position im Satz einnehmen, nämlich die linke Satzklammer, und dass jeweils nur *eines* der beiden Elemente in dieser Position vorkommen kann.

Steht also eines der beiden Elemente in dieser Position, kann das andere dort nicht vorkommen, wobei diese Position aber von einem der beiden Elemente besetzt sein muss. Man sagt daher, dass diese beiden Elemente »komplementär verteilt« sind. Die Nebensätze in (14) und (16) sind daher wie in (17) bzw. (18) durch die topologische Struktur zu repräsentieren:

(17)

	VORFELD	LSK	MITTELFELD			RSK	NACHFELD
		dass	Hans	Maria	geküsst	hat	
		ob	Hans	Maria	geküsst	hat	
		wer		Maria	geküsst	hat	

(18)	VORFELD	LSK	MITTELFELD	RSK	NACHFELD
	Hans	*habe*	*Maria*	*geküsst*	
	den Studenten	*habe*	*Maria*	*geküsst*	

Man sieht also, dass jedem Satz, unabhängig davon, ob es sich um einen Haupt- oder Nebensatz handelt, eine topologische Struktur zugeordnet werden kann.

Wenn wir die Gesamtsätze in (14) topologisch repräsentieren wollen, so müssen wir sowohl dem Hauptsatz als auch dem Nebensatz eine topologische Struktur zuordnen, wobei wir bislang die Frage offengelassen haben, in welcher topologischen Position des Hauptsatzes der Nebensatz anzusiedeln ist.

Es ist klar, dass die Nebensätze in (14) die Rolle eines Objekts spielen. Der Nebensatz in (14a) beispielsweise repräsentiert, was Hans glaubt. Objekte sind im deutschen Satz in der Regel (d.h. wenn sie nicht im Vorfeld stehen) in der Objektposition lokalisiert, und diese befindet sich im Mittelfeld, wie das folgende Beispiel zeigt:

(19) Gestern hat [$_{Mittelfeld}$ Maria$_{Subjekt}$ den Studenten$_{Objekt}$ am Bahnhof] abgeholt.

Interessanterweise gilt diese Objektstellung dann nicht, wenn das Objekt durch einen Satz repräsentiert ist. In diesem Fall stehen Objekte im Deutschen in der Regel im Nachfeld (sie können natürlich auch im Vorfeld stehen):

(20) a. Peter nahm$_{LSK}$ fälschlicherweise an$_{RSK}$, dass Maria den Studenten geküsst hat.

b. *Peter nahm$_{LSK}$ fälschlicherweise, dass Maria den Studenten geküsst hat, an$_{RSK}$.

Wenn man nun dem Gesamtsatz (20a) eine topologische Struktur zuordnen möchte, so sieht dies für die Kombination von Hauptsatz (HS) und Nebensatz (NS) also wie folgt aus:

(21)

VORFELD	LSK	MITTELFELD	RSK	NACHFELD
[HS Peter	nahm	*fälschlicherweise*	*an*	NACHFELD
[NS VORFELD	LSK	MITTELFELD	RSK	NACHFELD
	dass	*M. den St. geküsst*	*hat*]]	

Nach dieser kurzen Einführung in einfache Struktureigenschaften von Sätzen verfügen wir bereits über ein ausreichendes strukturelles Instrumentarium, um einige der ungewöhnlichen, nicht-sichtbaren Eigenschaften (ausgewählter) bairischer Sätze sichtbar machen zu können.

Die Genialität des Bairischen

KAPITEL IV

I HOB DES NET GWUSST, WIE WEIT DASS GESCHICHTE ZRUCKGEHT

(GERHARD POLT ÜBER DIE HISTORIE)

Dem aufmerksamen Leser wird eine Inkonsistenz im vorangehenden Kapitel aufgefallen sein. Sie betrifft w-Fragesätze. Auf der einen Seite wurde gezeigt, dass in direkten w-Fragen (Hauptsätzen) wie (1) das w-Wort im Vorfeld steht und dass das finite Verb in diesem Fall die Position der linken Satzklammer einnimmt:

(1)   **Wen hat** der Student geküsst?

Auf der anderen Seite haben wir aber indirekte w-Fragen (Nebensätze) wie (2) so analysiert, dass das w-Wort in der Position der linken Satzklammer steht:

(2)   Peter weiß nicht, **wen** der Student geküsst **hat**.

Würden wir annehmen (was vernünftig erscheint), dass das w-Wort auch in (2) die Vorfeld-Position einnimmt, bekämen wir Schwierigkeiten mit unserer Annahme, dass die Position der linken Satzklammer entweder vom finiten Verb oder einer Konjunktion besetzt sein muss. Wie können wir uns aus diesem Dilemma befreien?

Zunächst einmal könnte man sagen, dass das w-Pronomen *wen* im Nebensatz von (2) dieselbe satzverknüpfende Funktion ausübt wie das *dass* oder das *ob* in Sätzen wie (3) und (4).

(3)   Peter weiß nicht, **ob** der Student Maria geküsst **hat**.

(4)   Peter weiß nicht, **dass** der Student Maria geküsst **hat**.

Dies kann aber nicht richtig sein, da satzverknüpfende Elemente (sog. »Konjunktionen«) in der Regel aus einem einzigen Wort (einem einfachen lexikalischen Element) bestehen. Ein indirekter w-Fragesatz kann aber von w-Elementen eingeleitet werden, die durchaus komplex sind, wie man an folgendem Beispiel sieht:

(5)   Peter weiß nicht, **welcher schöne Student** Maria geküsst hat.

Darüber hinaus kann auch das einfache Fragepronomen *wer* in Haupt- wie in Nebensätzen durchaus durch ein komplexes Subjekt ersetzt werden wie in (6) und (7):

(6)   a. Wer hat Maria geküsst?

        b. Der schöne Student hat Maria geküsst.

(7)   a. Hans möchte wissen, wer Maria geküsst hat.

        b. Hans hat herausgefunden, dass der schöne Student Maria geküsst hat.

W-Pronomina wie *wer*, *wen* oder *was* erfragen also Entitäten (Personen, Dinge, Abstrakta), die durch Ausdrücke bezeichnet werden, die in der Regel im Vorfeld oder Mittelfeld angesiedelt sind. Mit anderen Worten, auch einfache w-Ausdrücke (w-Pronomina) erfüllen nicht die Kriterien für Konjunktionen.

Das aber heißt, dass w-Elemente (unabhängig von ihrer Komplexität) sowohl in direkten wie in indirekten Fragen die Vorfeld-Position einnehmen. Wenn das aber so ist, dann haben wir in indirekten w-Fragen einen Widerspruch mit unserer Annahme, dass die Position der linken Satzklammer entweder von einer Konjunktion oder vom finiten Verb besetzt sein muss. In Sätzen wie (5) oder (7a) scheint aber im Nebensatz die Position der linken Satzklammer nicht besetzt zu sein. Wie können wir uns von diesem Widerspruch befreien?

Wie wir in diesem Kapitel sehen werden, hilft uns das Bairische hier aus der Patsche. Der Satz »I hob des net gwusst, wie weit dass Geschichte zruckgeht«, den wir Gerhard Polt verdanken (Polt 2012), illustriert nämlich, dass auch in indirekten w-Fragen die Position der linken Satzklammer von einer Konjunktion besetzt ist. Der einzige Unterschied zwischen dem Bairischen und dem Standarddeutschen besteht darin, dass diese Konjunktion im Bairischen lexikalisch realisiert ist, während sie im Standarddeutschen unsichtbar ist. Das Bairische »zeigt« uns hier also etwas, das im Standarddeutschen nicht sichtbar, sondern nur erschließbar ist.

Mit der Annahme, dass indirekte w-Fragen im Standarddeutschen eine nicht-sichtbare Konjunktion enthalten, können wir alle anderen Hypothesen zur deutschen Satzstruktur aufrechterhalten.

Fassen wir zusammen: Wir haben gesehen, dass ein satzverknüpfendes Element (eine Konjunktion) wie *dass* oder *ob* die Position der linken Satzklammer einnimmt. Demgegenüber nimmt in w-Fragen das satzeinleitende w-Element (z. B. *wer, was, wann, wo, mit wem, was für, welcher Student,* etc.) in Hauptsätzen (direkten w-Fragen) wie in Nebensätzen (indirekten w-Fragen) die Vorfeldposition ein. Ist der w-Satz ein Nebensatz (ein indirekter Fragesatz), dann gilt im Standarddeutschen, dass in diesem Fall die Position der linken Satzklammer nicht von einer sichtbaren lexikalischen Konjunktion besetzt sein darf, sodass zusätzlich zu dem einleitenden w-Element kein *dass* in dem Nebensatz auftreten darf. Statt (8a) lautet der korrekte indirekte Fragesatz im Standarddeutschen also (8b):

(8)   a. *Ich möchte wissen, mit wem dass Maria gesprochen hat.

        b. Ich möchte wissen, mit wem Maria gesprochen hat.

Wir haben aber aus theoretischen Gründen angenommen, dass auch in indirekten w-Fragen des Standarddeutschen die Position der linken Satzklammer nicht unbesetzt ist. Die auch dort vorhandene Konjunktion kann lediglich nicht als ein sichtbares lexikalisches Element realisiert (»ausgesprochen«) werden. Diese Hypothese lässt sich u. a. durch das Bairische empirisch bestätigen.

Wie Polts Satz »I hob des net gwusst, wie weit dass Geschichte zruckgeht« zeigt, verlangt das Bairische im Gegensatz zum Standarddeutschen, dass in indirekten w-Fragen ein nebensatzeinleitendes *dass* in der Position der linken Satzklammer sichtbar ist.

Dass die Postulierung nicht-sichtbarer Elemente kein linguistischer Hokuspokus ist, zeigt uns die Beschäftigung mit der grammatischen Vielfalt natürlicher Sprachen. Wir können beobachten, dass nicht-sichtbare Phänomene, deren Vorhandensein wir in bestimmten Sprachen mit guten theoretischen Gründen postulieren, in anderen Sprachen sichtbar auftreten. Man denke nur an Sprachen wie Lateinisch oder Italienisch, wo das Subjekt nicht immer sichtbar auftreten muss. Dennoch haben wir Grund zu der Annahme, dass es auch in einem italienischen Satz wie (9a) ein Subjekt gibt. Schließlich hat (9a) dieselbe Bedeutung wie (9b):

(9)   a. Parla.

        b. Er/Sie spricht

Dasselbe Phänomen wie unser Polt-Satz illustrieren Beispiele wie (10)*

(10)   I   mecht   wissen,
ich   möchte wissen

a.	wer	**dass**	des	gsogt	hot.	
	wer	*dass*	*das*	*gesagt*	*hat*	
b.	mit	wem	**dass**	de	Maria	gred	hot.
	mit	*wem*	*dass*	*die*	*Maria*	*geredet*	*hat*
c.	wem	**dass**	er	des	gebn	hot.	
	wem	*dass*	*er*	*das*	*gegeben*	*hat*	
d.	wann	**dass**	er	endlich	heirat.		
	wann	*dass*	*er*	*endlich*	*heiratet*		
e.	wo	**dass**	er	gestern	gwen	is.	
	wo	*dass*	*er*	*gestern*	*gewesen*	*ist*	
f.	weicha	Depp	**dass**	des	gmacht	hot.	
	welcher	*Depp*	*dass*	*das*	*gemacht*	*hat*	
g.	wos	fiar	a	Bia	**dass**	er	trinkt.
	was	*für*	*ein*	*Bier*	*dass*	*er*	*trinkt*

Zunächst ist festzuhalten, dass die Besetzung der linken Satzklammer in Sätzen wie (10) nur für das Element (die »Konjunktion«) *dass* zu gelten scheint. Obwohl die Position der linken Satzklammer, wie wir in Kapitel III gesehen haben, in indirekten Fragen auch von einer

---

* Bayer (2014) vertritt die Auffassung, dass das gemeinsame Auftreten von w-Element und Konjunktion *dass* je nach Art des w-Elements unterschiedliche Grammatikalitätsgrade aufweist. Seiner These zufolge ist diese Kookkurrenz am schlechtesten bei *was* und *wie*, am besten bei komplexen w-Elementen und mittelprächtig bei *wem* und *warum*. Bayers Generalisierung ist durch empirische Untersuchungen validiert. Allerdings ist auch festzustellen, dass es hier weitreichende regionale und individuelle Variation gibt. Meiner eigenen bairischen Intuition zufolge ist die genannte Kookkurrenz auch bei einfachen w-Elementen wie *was* und *wie* korrekt. Für die weitere Darstellung ist diese Diskrepanz allerdings nicht relevant.

Konjunktion wie *ob* besetzt werden kann, darf diese Konjunktion nicht zusammen mit einem nebensatzeinleitenden w-Element erscheinen, wie die Beispiele in (11) zeigen:

(11) I   mecht   wissen,
      ich   möchte   wissen

a. ob   da   Hans   vaheirat   is.
   ob   der   Hans   verheiratet   ist

b. *wer   ob   des   gsogt   hot.
   wer   ob   das   gesagt   hat

c. *mit wem ob   de   Maria   gred   hot.
   mit wem ob   die   Maria   geredet   hat

c. *wem   ob   er   des   gebn   hot
   wem   ob   er   das   gegeben   hat

d. *wann   ob   er   endlich   heirat.
   wann   ob   er   endlich   heiratet

e. *wo   ob   er   gestern   gwen   is.
   wo   ob   er   gestern   gewesen   ist

f. *weicha Depp   ob   des   gmacht hot.
   welcher Depp   ob   das   gemacht

Es mag sein, dass die Unmöglichkeit einer w+*ob*-Kombination mit der unterschiedlichen Bedeutung von w-Fragen und *ob*-Fragen zu tun hat. Mit Letzteren möchte man wissen, ob etwas der Fall ist oder nicht. Mit Ersteren möchte man dagegen die Personen, Zeitpunkte, Orte etc. genannt bekommen, die die Beschreibungen der w-Frage erfüllen.

Was auch immer der Grund für die Unmöglichkeit dieser Kombination sein mag, für den vorliegenden Zusammenhang ist wichtiger, dass das in (10) illustrierte Phänomen auch in anderen germanischen Dialekten zu finden ist. Damit erhalten wir weitere unabhängige Evidenz für unsere Annahme, dass auch in indirekten w-Fragen des

Standarddeutschen eine – wenn auch nicht sichtbare – Konjunktion die linke Satzklammer besetzt.

Das in (10) illustrierte Phänomen des Bairischen zeigt sich z. B. auch im Westflämischen, einem in Belgien gesprochenen Dialekt des Holländischen. Auch hier muss in indirekten w-Fragen ein nebensatzeinleitendes *da* (›dass‹) präsent sein (Haegeman 1992: 57):

[Westflämisch]

(12) a. Kpeinzen   da   Valère   a   weg is.
          ich-glaube *dass* *Valère* *schon* *weg* *ist*

       b. Kweten nie   wannièr da   Valère   goa werekommen.
          ich-weiß *nicht* *wann*   *dass* *Valère* *zurückkommt*

Ohne ein *dass* ist ein Satz wie (12b) im Westflämischen ungrammatisch:

(13) *Kweten nie   wannièr   Valère   goa werekommen.
       ich-weiß *nicht*   *wann*   *Valère*   *zurückkommt*

Neben holländischen Dialekten besitzt auch das Standardholländische Varietäten, in denen die Kombination von w-Elementen und Konjunktion in indirekten Fragesätzen möglich ist (Hoekstra 1993:161):

[Standardholländisch]

(14) Hij weet welke jongen dat   je   gezien   hebt.
       er   *weiß* *welche* *Jungen* *dass* *du* *gesehen* *hast*

Dasselbe Phänomen lässt sich auch in skandinavischen Sprachen beobachten, was die »Internationalität« des Bairischen weiter unterstreicht:

[Norwegisch]

(15) Vi   vet   **hvem som**   ikke   skjønte   dette   spørsmålet.
     wir   wissen   wer   dass   nicht verstand diese   Frage

(Taraldsen 1986: 8)

[Schwedisch]

(16) Han   undrade   **vem som**   inte   hade   öppnat   dörren.
     er   fragte   wer dass   nicht hatte   geöffnet die Tür

(Platzack 1986: 41)

Auch in einer dialektalen Varietät des Englischen, die als »Belfast-Englisch« bekannt ist, kann in indirekten w-Fragen einem satzeinleitenden w-Wort die Konjunktion *that* (›dass‹) folgen, wie das folgende Beispiel zeigt (Henry 1995: 120):

(17) They   asked   which   book   that   I   had   chosen.
     sie   fragten welches   Buch   dass   ich   hatte   ausgesucht

In diesem Zusammenhang möchte ich die auf den ersten Blick »exotische« Tatsache nicht unerwähnt lassen, dass die im Bairischen obligatorische Kombination (mit den in Fußnote auf Seite 57 gemachten Einschränkungen) von w-Element und Konjunktion *dass* in indirekten Fragesätzen in anderen Sprachen in der umgekehrten Reihenfolge vorkommt, also Konjunktion vor w-Element. Diese Erscheinung findet sich z. B. in der in Indien gesprochenen Sprache Kashmiri, und sie ist nur auf den ersten Blick ungewöhnlich. Es lässt sich nämlich mit etwas abstrakteren theoretischen Mitteln zeigen, dass sie aus unabhängigen Eigenschaften dieser Sprache folgt.

[Kashmiri]

(18) tse   chay   khabar   **ki**   **kyaa**   kor   tem.
     du   *[Hilfsverb]*   *weißt*   *dass*   *was*   *tat*   *er*

›Du weißt, was er tat.‹
(Bhatt 1999)

Germanische Sprachen zeigen auch in früheren Sprachstufen das in (10) illustrierte Phänomen des Bairischen. So hat etwa das Mittelenglische, das zu Zeiten von Chaucer (14./15. Jahrhundert) gesprochen wurde, ebenfalls eine (optionale) Kombination von w-Elementen und einer Konjunktion *dass* in indirekten Fragesätzen (Lightfoot 1979: 322), und auch im Mittelhochdeutschen findet sich dieses Phänomen (Bayer 2004: 61):

[Mittelenglisch]

(19) men   shal   wel   knowe   **who**   **that**   I   am
     man   *soll*   *wohl*   *wissen*   *wer*   *dass*   *ich*   *bin*

[Mittelhochdeutsch]

(20) nu   hœrt   **wa**   **daz**   er   mir   lougent   niht   aller   mîner   leide
     jetzt   *hört*   *was*   *dass*   *er*   *mir*   *abstreitet*   *nicht*   *alle*   *meine*   *Leiden*

›Jetzt hört, wie viel Leid er mir abspricht.‹

Wenn wir uns noch einmal das topologische Modell der Satzstruktur vergegenwärtigen, so sehen wir, dass das Bairische mit dem w+*dass*-Phänomen im Einklang mit zahlreichen anderen Sprachen eine grammatische Option realisiert, die von dem Strukturmodell grundsätzlich vorgesehen ist, nämlich die gleichzeitige Besetzung von Vorfeld plus linker Satzklammer in bestimmten Arten von Nebensätzen.

Das Standarddeutsche dagegen realisiert diese Option nicht, was zeigt, dass Dialekte strukturelle Optionen von Sprachen sichtbar machen, die man ohne eine Strukturtheorie nicht erkennen kann. Das

Bairische zeigt hier also durchaus seine Internationalität. Es zeigt eine grammatische Option, die es mit einer Vielzahl anderer Sprachen gemeinsam hat, über die aber das Standarddeutsche nicht verfügt.

Strukturelle Optionen, wie sie das Bairische im Verein mit vielen anderen Sprachen zeigt, liefern also ein wichtiges Argument für die Annahmen von Strukturtheorien, die diese Optionen prognostizieren. Es kommt daher nicht von ungefähr, dass das Bairische – neben seiner folkloristischen Attraktivität – in dem linguistischen Department des berühmten *Massachusetts Institute of Technology (MIT)* eine ganz besondere Attraktivität als grammatischer Forschungsgegenstand erlangt hat.

KAPITEL V

WENNST NIX VON DER POLITIK VERSTEHST, NACHA REDST NET SO SAUDUMM DAHER

(EINE EMPFEHLUNG VON KARL VALENTIN)

Karl Valentin hat dem »Sprachforscher« seine Wertschätzung zum Ausdruck gebracht und ihm einen eigenen Dialog gewidmet (*Sämtliche Werke*, Bd. 4: 74). In diesem betreibt er die für ihn typische »Wortakrobatik«, indem er – unter Absehung orthografischer Unterschiede – mit der Gleichlautung von Wörtern operiert, wie z. B. »ein Käfig mit *Renntieren* – wird sich das *rentieren*?« oder »Wenn die Bierabrechnung nicht stimmt, wird der Wirt verwirrt« (ibid.: 367).

Für den größten »Wortunfug« hält er die Tätigkeitswörter und beklagt, dass der Koch kocht und der Bäcker bäckt, der Arzt aber nicht »arztelt«. Eine ähnliche Inkonsequenz registriert er bei dem Verb *essen*: »Wenn einer zu viel sauft, sagt man, der hat sein Geld *ver*soffen, und wenn einer viel isst, müsste man sagen, der hat sein Geld *verges*sen.« Valentin zieht daraus den Schluss, dass die deutsche Sprache »noch sehr unvollkommen *ist*« (nicht ohne hinzuzufügen: »seit wann *isst* eine *Sprache*? Eine Sprache wird nicht gegessen, sondern gesprochen!«). Er gibt daher denen recht, »die die deutsche Sprache als verzwickt bezeichnen«.

Halten wir fest, dass Valentin sich hier primär mit Wörtern befasst. Er hat sich daher nicht nur als »Schriftsteller«, sondern auch als »Wortsteller« bezeichnet. Wörter repräsentieren die sichtbare Seite der Sprache. Hätte Valentin etwas über die unsichtbaren Eigenschaften von Sätzen gewusst, hätte er seine Wortklaubereien mit Sicherheit um hochamüsante »Satzklaubereien« ergänzt. Vermutlich hätte er seine Freude daran, im vorliegenden Buch einen »Satzsteller« am Werk zu sehen, der zeigt, dass der Bayer nicht nur ein Wortakrobat, sondern auch ein Satzakrobat ist. Das kann man nicht zuletzt an vielen Sätzen von Karl Valentin illustrieren, in denen er hochinteressante Eigenschaften des Bairischen zum Besten gibt, ohne dass er sich dessen bewusst ist.

»Wennst nix von der Politik verstehst, nacha redst net so saudumm daher« liefert uns ein einschlägiges Beispiel. Dieser Satz von Karl Valentin (*Verstehst nix von der Politik*, Sämtliche Werke, Bd. 4: 209) hat im Standarddeutschen in etwa die Bedeutung von (1):

(1)   Wenn du nichts von der Politik verstehst, dann solltest du nicht so saudumm daherreden.

Auffallend an dem bairischen Satz ist, dass das nebensatzeinleitende Wort *wennst*, dessen Entsprechung eigentlich *wenn* ist, die rätselhafte Endung *-st* besitzt. Darüber hinaus fällt auf, dass das pronominale Subjekt *du* aus der standarddeutschen Übersetzung in (1) in dem bairischen Titelsatz keine Entsprechung besitzt. Woher kommen und was bedeuten diese Unterschiede zum Standarddeutschen?

Man könnte annehmen, dass das *-st* in dem bairischen Satz ein reduziertes Subjektpronomen ist, das mit der Konjunktion *wenn* zu einem einzigen Wort verschmolzen worden ist, wie wir das etwa in der ersten oder dritten Person Singular finden, wo die pronominalen Subjekte *i* (›ich‹) bzw. *ea* (›er‹) zu *-e* bzw. *-a* reduziert und mit der Konjunktion *dass* verschmolzen worden sind:

(2) a. Er   hot   gsogt   dass-e   nix   von   der   Politik   vasteh.
     er   *hat* *gesagt* *dass-ich* *nichts* *von* *der* *Politik* *verstehe*

     b. Er   hot   gsogt,   dass-a   nix   von   der   Politik   vasteht.
     er *hat* *gesagt* *dass-er* *nichts* *von* *der* *Politik* *versteht*

Gegen diese Annahme spricht zum einen, dass nicht zu sehen ist, wie aus der Verschmelzung der Konjunktion *wenn* mit dem Subjektpronomen *du* die Lautfolge -*st* entstehen könnte. Darüber hinaus würde diese Annahme implizieren, dass das nebensatzeinleitende Wort *wennst* nicht mit dem Subjektpronomen *du* (mit dem es ja bereits verschmolzen worden ist) zusammen auftreten sollte, da in deutschen Dialekten ein und dasselbe pronominale Subjekt nicht zweimal vorkommen kann. Dieses gemeinsame Auftreten ist aber durchaus möglich, wie die folgenden Beispiele zeigen:

(3) a. Wennst du nix von der Politik verstehst ...

     b. I   her   da   zua,   obwoi**st** **du**   nix   davo   vastehst.
     ich *höre* *dir* *zu* *obwohl*   *du* *nichts* *davon* *verstehst*

Demgegenüber beobachten wir, dass in der ersten oder dritten Person Singular, also in Beispielen wie (2), eine derartige Verdoppelung nicht möglich ist:

4)   a. *Er hot gsogt   dass-e   i   nix   von   der   Politik   vasteh.
     er hat gesagt dass-ich ich nichts von   der   Politik   verstehe

     b. *Er hot gsogt, dass-a   ea   nix   von   der   Politik   vasteht.
     er hat gesagt dass-er *er   nichts von   der   Politik   versteht*

Einen Hinweis auf eine alternative Erklärung für die rätselhafte Präsenz des -*st* erhalten wir, wenn wir uns ansehen, wie der Nebensatz im Plural lautet:

(5) a. Wennts   nix   von der Politik verstehts, nacha redts net
         wenn   nichts von der Politik versteht   dann redet nicht

         so saudumm daher.
         so saudumm daher

     b. I   her eich zua, obwoits   nix   davo   vastehts.
         ich höre euch zu   obwohl   nichts davon versteht

Wiederum kann ein Subjektpronomen *es* (›ihr‹) (dessen Form auf einen Dualis zurückgeht) zusammen mit der Konjunktion vorkommen.

(6) a. Wennts **es** nix   von der Politik verstehts, nacha redts
         wenn ihr nichts von der Politik versteht   dann redet

         net   so   saudumm   daher.
         nicht so   saudumm   daher

     b. I   her eich zua, obwo**its es** nix   davo vastehts.
         ich höre euch zu   obwohl ihr nichts davon versteht

Im Gegensatz dazu ist in der dritten Person Plural die entsprechende Verdoppelung nicht möglich (zur ersten Person Plural vgl. Kapitel VIII):

(7) a. Wenn-s nix   von der Politik vastehn, dann soins
         wenn-sie nichts von der Politik verstehen dann sollen-sie

         as Mei hoitn.
         den Mund halten

     b. *Wenn-s sie nix   von der Politik vastehn, dann soins
         wenn-sie sie nichts von der Politik verstehen dann sollen-sie

         as Mei hoitn.
         den Mund halten

66

Wenn wir den Singularsatz und den Pluralsatz noch einmal nebeneinander stellen, so fällt auf, dass die Endung der Konjunktion der Endung des Verbs entspricht:

(8)   a.   Wenn-**st** (du) nix von der Politik versteh-**st** …

           b.   Wenn**ts** (es) nix von der Politik versteh-**ts** …

(9)   a.

I	her	da	zua,	obwoi-**st**	(du)	nix	davo	vasteh-**st**.
ich	*hör*	*dir*	*zu*	*obwohl*	*(du)*	*nichts*	*davon*	*verstehst*

           b.

I	her	eich	zu,	obwoi-**ts**	(es)	nix	davo	vasteh-**ts**.
ich	*höre*	*euch*	*zu*	*obwohl*	*(ihr)*	*nichts*	*davon*	*versteht*

Dasselbe Phänomen lässt sich auch bei anderen Konjunktionen beobachten:

(10)   a.

Er	hot	gsogt,	dass-**st**	(du)	nix	davo	vasteh-**st**.
er	*hat*	*gesagt*	*dass*	*(du)*	*nichts*	*davon*	*verstehst*

           b.

Er	hot	gsogt,	dass-**ts**	(es)	nix	davo	vasteh-**ts**.
er	*hat*	*gesagt*	*dass*	*(ihr)*	*nichts*	*davon*	*versteht*

(11)   a.

Er	mecht	wissen,	ob-**st**	(du)	was	davo	vasteh-**st**.
er	*möchte*	*wissen*	*ob*	*(du)*	*was*	*davon*	*verstehst*

           b.

Er	mecht	wissen,	ob-**ts**	(es)	was	davo	vasteh-**ts**.
er	*möchte*	*wissen*	*ob*	*(ihr)*	*was*	*davon*	*versteht*

(12)   a.

Er	mog	di,	wei-**st**	(du)	was	davo	vasteh-**st**.
er	*mag*	*dich*	*weil*	*du*	*was*	*davon*	*verstehst*

           b.

Er	mog	eich,	wei-**ts**	(es)	was	davo	vasteh-**ts**.
er	*mag*	*euch*	*weil*	*(ihr)*	*was*	*davon*	*versteht*

Es sieht also so aus, als würde das Bairische (ich beziehe mich hier auf die Münchner Varietät) in Nebensätzen mit einem Verb der zweiten

Person Konjunktionen bzw., wie wir gleich sehen werden, auch andere satzeinleitende Elemente mit denselben Endungen versehen wie die Verben selbst.

Für den Schluss, dass es sich bei den Endungen der Konjunktion tatsächlich um Verb-Endungen, also um Flexion, der zweiten Person handelt, und nicht etwa um ein pronominales Subjekt, sprechen zwei Überlegungen.

Zum einen haben wir bereits gesehen, dass in der ersten und dritten Person die Hinzufügung eines pronominalen Subjekts *i* (›ich‹) bzw. *ea* (›er‹) nicht möglich ist. Dies spricht dafür, dass in den Beispielen (2) und (7) die an die Konjunktion angefügten Elemente -*e* bzw. -*a* (im Singular) bzw. -*s* (im Plural) tatsächlich reduzierte Formen der Subjektpronomina *ich*, *er* und *sie* sind, die nicht noch einmal durch ein pronominales Subjekt wieder aufgenommen werden können.

Im Gegensatz dazu zeigt die Verdoppelungsmöglichkeit in den Fällen der zweiten Person, dass es sich bei den Endungen der Konjunktion (-*st* im Singular und -*ts* im Plural) nicht um Subjektpronomina handelt, sondern um dieselben Endungen, die wir jeweils am Verb finden. Der naheliegende Schluss lautet daher, dass in bairischen Nebensätzen der zweiten Person nebensatzeinleitende Elemente genauso gebeugt (flektiert) werden wie Verben.

Dieser Schluss lässt sich durch eine zweite Überlegung bestätigen. Wenn solche nebensatzeinleitenden Elemente in bairischen Nebensätzen der zweiten Person tatsächlich genauso gebeugt werden wie Verben, dann sollten die entsprechenden Endungen nicht nur am Verb, sondern auch am nebensatzeinleitenden Element obligatorisch erscheinen. Schließlich kann man ja auch am Verb die Endung nicht einfach weglassen.

Dann können wir aber voraussagen, dass die entsprechenden Endungen der zweiten Person Singular und Plural auch dann an dem nebensatzeinleitenden Element erscheinen müssen, wenn ein zusätz-

liches pronominales Subjekt vorhanden ist. Für die entsprechenden
Sätze der ersten bzw. dritten Person, bei denen wir keine Evidenz für
Konjunktionsflexion gefunden haben, können wir demgegenüber
prognostizieren, dass Nebensätze, die nur ein (nicht-reduziertes)
pronominales Subjekt enthalten, möglich sein sollten. Diese beiden
Voraussagen lassen sich in der Tat bestätigen, wie die folgenden Beispiele zeigen.

In der ersten Person Singular und in der dritten Person Singular
und Plural können wir beobachten, dass ein reduziertes pronominales Subjekt -e (›ich‹) bzw. -a (›er‹), das mit der Konjunktion verschmolzen wurde, wie in den Beispielen (2) und (7), dann weggelassen werden kann (bzw., wie wir bereits gesehen haben, sogar
weggelassen werden muss), wenn ein nicht-reduziertes Subjektpronomen vorhanden ist. Man vergleiche die Beispiele (2) und (7) mit
den Beispielen in (13), die nur ein nicht-reduziertes Subjekt enthalten:

(13) a. Da Hans hot gsogt dass i   nix   von der Politik vasteh.
          der Hans hat gesagt dass ich nichts von der Politik verstehe

      b. De Susi gfreit si, dass ea nix   gwunna   hot.
          Die Susi freut sich dass er nichts gewonnen hat

      c. Da Hans frogt seine Freind ob sie des Spui gseng ham.
          der Hans fragt seine Freunde ob sie das Spiel gesehen haben

In der zweiten Person Singular und Plural kann dagegen die Endung
der Konjunktion auch dann nicht weggelassen werden, wenn ein
nicht-reduziertes Subjektpronomen vorhanden ist. Die Endungen
der Konjunktion sind in diesen Fällen also, wie vorhergesagt, obligatorisch. Dies zeigen die ungrammatischen Beispiele (14b) und (15b):

(14)	a.	Er	gfreit	si	wei-st	du	verlorn	host.
		er	freut	sich	weil	du	verloren	hast
	b.	*Er	gfreit	si	weil	du	verlorn	host.
		er	freut	sich	weil	du	verloren	hast

(15)	a.	Er	mecht	wissen	ob-ts	es	gnuag	gessn	habts.
		er	möchte	wissen	ob	ihr	genug	gegessen	habt
	b.	*Er	mecht	wissen	ob	es/ihr	gnuag	gessn	habts.
		er	möchte	wissen	ob	ihr	genug	gegessen	habt

Wir haben gesehen, dass das nebensatzeinleitende Element in Sätzen der zweiten Person in ähnlicher Weise mit dem Subjekt des Nebensatzes übereinstimmt (»kongruiert«) wie das Verb selbst. Steht das Subjekt in der zweiten Person Singular (*du*), weist nicht nur das Verb, sondern auch das nebensatzeinleitende Element die Endung der zweiten Person Singular auf (-*st*). Steht das Subjekt in der zweiten Person Plural (*ihr* bzw. bairisch *es*), zeigen sowohl das Verb als auch das nebensatzeinleitende Element die Endung für die zweite Person Plural (-*ts*). Wir werden diese Endungen daher ab jetzt auch als Verb-Endungen und nicht etwa als reduzierte Subjektpronomina repräsentieren.

Die folgenden Beispiele zeigen, dass nicht nur Konjunktionen wie *dass* oder *ob*, sondern auch andere nebensatzeinleitende Elemente wie z.B. Fragewörter wie *wen* oder *wann* oder komplexe Frageelemente wie *mit welchem Mann* kongruierende Endungen aufweisen (wenn sie nicht zusammen mit einem *dass* vorkommen, was nicht immer erforderlich ist):

(16) a. Da Hans mecht wissen, wen-**st** du gestern troffa ho-**st**.
    der Hans möchte wissen wen-2.Sg. du gestern getroffen hast

   b. Da Hans mecht wissen, wen-**ts** es gestern troffa hab-**ts**.
    der Hans möchte wissen wen-2.Pl. ihr gestern getroffen habt

(17) a. Da Vatta mecht wissen, wann-**st** du gestern
    der Vater möchte wissen wann-2.Sg. du gestern

    hoamkemma bi-**st**.
    heimgekommen bist

   b. Da Vatta mecht wissen, wann-**ts** es gestern
    der Vater möchte wissen wann-2.Pl. ihr gestern

    hoamkemma sei-**ts.**
    heimgekommen seid

(18) a. I frog mi, mit weichan Mo-**st** du amoi
    ich frage mich mit welchem Mann-2.Sg. du einmal

    daherkimm-**st**.
    daherkommst

   b. I frog mi, mit weichan Mo-**ts** es amoi
    ich frage mich mit welchem Mann-2.Pl. ihr einmal

    daherkemm-**ts**.
    daherkommt

Kommt das nebensatzeinleitende Fragewort allerdings zusammen mit einem *dass* vor, was in zahlreichen indirekten Fragesätzen des Bairischen obligatorisch ist, dann müssen die kongruierenden Endungen an dem *dass* erscheinen und dürfen nicht an dem Fragewort vorkommen. Man vergleiche die akzeptablen Sätze in (19) mit den ungrammatischen Sätzen in (20):

(19) a. Da Vatta mecht wissen, mit wem dass-**st** du
der Vater möchte wissen mit wem dass-2.Sg. du

gestarn fuat wa-**st**.
gestern fort warst

b. Da Vatta mecht wissen, mit wem dass-**ts** es
der Vater möchte wissen mit wem dass-2.Pl. ihr

gestarn fuat wa-**ts**.
gestern fort wart

(20) a. *Da Vatta mecht wissen, mit wem-**st** dass du gestarn fuat wa-**st**.
b. *Da Vatta mecht wissen, mit wem-**ts** dass es gestarn fuat wa-**ts**.

Selbstverständlich findet sich in den Texten von Karl Valentin und anderen bairischen Schriftstellern eine Bestätigung unserer grammatischen Analyse flektierter Konjunktionen. Benno Höllteuffels *friß wos i sog* enthält die tröstliche Verszeile (in eigenwilliger Orthografie) (Höllteuffel 1971: 22):

(28) konst a nix dafia da**sd** so bled bi**sd**
kannst auch nichts dafür dass+2.Sg. so dumm bist

(Hervorhebung G. G.)

Etwas deftigere, aber grammatisch korrekte Kost liefert das folgende Gedicht über Trinkfestigkeit (Höllteuffel 1971: 17):

(29) *ge*   also

      wos   *wuisdn*   was willst-denn

      du   du

      du weasd a scho bsuffa   du wirst ja schon betrunken

      *wann**sd** blos*   wenn-2.Sg. bloß

      an biafara   einen Bierfahrer

      soacha   pinkeln

      *sig**sd***   siehst

                                (Hervorhebung G. G.)

Und bei Karl Valentin findet sich u. a. das einschlägige Beispiel in (30) (orthografisch korrekt) (vgl. *Es dreht sich um Karl Valentin*, Sämtliche Werke, Bd. 4: 259):

(30) Des kon i   mir net   vorstelln, wo**st**   du heit   no
     das kann ich mir nicht vorstellen wo+2.Sg. du heute noch

     hinsoll**st**.
     hinsollst

Sebastian Beck und Hans Kratzer erinnern in einem Artikel der Süddeutschen Zeitung vom 19./20. Januar 2019 an einen Kurzfilm von Martin Lippl über die sog. »Arbermandl« (zu bizarren Gestalten verschneite Latschen und Fichten des Arber), der von einem Text von Elfi Pertramer untermalt wurde. In diesem Artikel werden die folgenden Zeilen von Elfi Pertramer zitiert, die sich weder dem Zauber der Arbermandl noch dem Zauber der bairischen Grammatik entziehen konnten.

(31)   *Siehgst da hinten des Türl?*
        Durch des Türl geht's in d'Ewigkeit nauf.
        Eng is des Loch, aber wennst di kloa machst,
        kimmst durche.

        Siehst du da hinten die kleine Tür?
        Durch diese kleine Tür geht es in die Ewigkeit hinauf.
        Eng ist das Loch, aber wenn-2.Sg. dich klein machst,
        kommst durch.

Die Tatsache, dass Konjunktionen genauso wie Verben eine Endung
aufweisen (d. h. »flektiert« werden), die in Person und Numerus mit
dem Subjekt übereinstimmt (»kongruiert«), ist eine Eigenschaft, die
man auch in anderen Dialekten der westgermanischen Kontinental-
sprachen findet. Zu Letzteren zählt man das Deutsche und Holländische, nicht aber das Englische und die skandinavischen Sprachen. So
zeigen z. B. auch das Westfriesische, das Thüringische, das Ostfränki-
sche sowie in Belgien gesprochene holländische Dialekte wie das
Westflämische dieses Phänomen (vgl. z. B. Haegeman 1992, Weiss
2005). Allerdings tritt dieses Phänomen in den jeweiligen Dialekten
in unterschiedlichen Variationen auf. Eine Variation betrifft die unterschiedlichen Personen des Subjekts (1.–3. Singular bzw. Plural),
bei denen das nebensatzeinleitende Element Kongruenz aufweist.

Wir haben bereits gesehen, dass sich dieses Phänomen im Bairischen in der zweiten Person Singular und Plural findet. Im Unterschied zum Bairischen stimmt im Westflämischen die Konjunktion
nicht nur in der zweiten Person mit dem Subjekt überein, sondern in
allen Personen. Sehen wir uns das zunächst nur in der dritten Person
Singular und Plural an. Hier weist das nebensatzeinleitende Element
da (›dass‹) dieselbe Endung auf wie das Verb (Haegeman 1992: 49,
Fuß 2005:95):

[Westflämisch]

(32)   Kpeinzen …
        Ich-denke

        a. da-**t**   Anna   morgen   goa-**t**.
           dass-3.Pers.Sg. *A.*   *morgen* *geht*

        b. da-**n**   Anna en Pol   morgen   goa-**n**.
           dass-3.Pers.Pl. *A. und P.*   *morgen* *gehen*

Betrachtet man pronominale Subjekte, so muss man beachten, dass
ein pronominales Subjekt auf unterschiedliche Weise realisiert sein
kann: entweder als ein »volltoniges« Pronomen (wie z. B. deutsch *ich*,
du, *wir*, *ihr*), das als selbstständiges Wort vorkommt, oder als ein sog.
»reduziertes« oder »schwachtoniges« Pronomen (auch »klitisches
Pronomen« genannt), das nicht als ein selbstständiges Wort vorkommen kann, sondern sich an ein anderes Wort »anlehnen« muss, wie
man das etwa vom Italienischen oder Französischen kennt:

[Italienisch]

(33)   a. Ho   visto   Gianni.
           habe-1.Pers.Sg. *gesehen* *Gianni*

           ›Ich habe Gianni gesehen.‹

        b. **L'**ho   visto.
           ***ihn**-habe-1.Pers.Sg.* *gesehen*

           ›Ich habe ihn gesehen.‹

[Französisch]

(34)   a. Marie   connaît   Jean.
           Marie   *kennt*   *Jean*

        b. Marie   **le**   connaît.
           Marie *ihn*   *kennt*

Im Westflämischen muss sich ein schwachtoniges Subjekt-Pronomen an das gebeugte nebensatzeinleitende Element »anlehnen« wie z. B. das -k (›ich‹) in (35a), das sich an das gebeugte *da+n* (›dass+ 1.Pers.Sg.‹) »anlehnt«. Dabei ist zu beachten, dass die Flexionsendung der Konjunktion *da* nur in bestimmten Lautumgebungen auch lautlich realisiert wird. So wird z. B. die Endung -*t* nur vor Vokal auch ausgesprochen.

[Westflämisch]

(35)   Kpeinzen ...
        Ich-denke

    a. da+**n**-k   morgen   goa**n**.
           dass+1.Pers.Sg.-ich   *morgen*   *gehe*

    b. da+[**t**]-j   morgen   goat.
           dass+[2.Pers.Sg.]-du   *morgen*   *gehst*

    c. da+[**t**]-se   morgen   goat.
           dass+[3.Pers.Sg.]-sie   *morgen*   *geht*

    d. da+[**n**]-me   morgen   goa**n**.
           dass+[1.Pers.Pl.]-wir   *morgen*   *gehen*

    e. da+[**t**]-j   morgen   goa**t**.
           dass+[2.Pers.Pl.]-ihr   *morgen*   *geht*

    f. da+**n**-ze   morgen   goa**n**.
           dass+3.Pers.Pl.-sie   *morgen*   *gehen*

Ist das Subjekt ein volltoniges Pronomen, so wird die Sache noch komplizierter. In diesem Fall muss bzw. kann zusätzlich zur Endung der Konjunktion und dem volltonigen Subjektpronomen auch noch das schwachtonige Subjektpronomen realisiert sein:*

---

* Obligatorisch ist diese pronominale Verdoppelung in 1. Pers. Sg., 2. Pers. Sg., 3. Pers. Sg. mask., 2. Pers. Pl. Optional ist sie in den anderen Personen (vgl. Fuß 2005: 95).

[Westflämisch]

(36) Kpeinzen ...
      Ich-denke

a. da+**n**-k   ik   morgen goa**n**.
    dass+1.Pers.Sg.-ich *ich* *morgen* *gehe*

b. da+[**t**]-j   gie   morgen goa**t**.
    dass+[2.Pers.Sg.]-du *du* *morgen* *gehst*

Im Vergleich zu der komplizierten Situation im Westflämischen
sieht die Beugung von nebensatzeinleitenden Elementen im Bairischen geradezu einfach aus. Allerdings gibt es auch hier eine Komplikation. Diese tritt allerdings nur in der ersten Person Plural (*wir*) auf.
In Kapitel VIII werden wir uns mit dieser Komplikation eingehender
befassen.

Einen interessanten Hinweis darauf, dass die Endung an einem nebensatzeinleitenden Element an die Präsenz eines Verbs mit entspre-
chender Endung gebunden ist, liefern die folgenden Beobachtungen.
In Vergleichs- bzw. Steigerungssätzen kann im Bairischen wie im
Standarddeutschen das Verb weggelassen werden. In Beispiel (37a)
ist der Vergleichssatz mit dem nebensatzeinleitenden Wort *wia*
durch eine eckige Klammer markiert. Wie Beispiel (37b) zeigt, kann
das Verb in diesem Vergleichssatz weggelassen werden.

(37) a. Da   Hans is   gressa als [wia da   Sepp is].
          der *Hans* *ist* *größer* *als* *wie* *der* *Sepp* *ist*

      b. Da Hans is gressa als [wia da Sepp].

Steht das Verb im Vergleichssatz in der zweiten Person, dann muss
auch das nebensatzeinleitende *wie* eine Endung der zweiten Person
aufweisen:

(38) a. Da   Hans   is   gressa   als   [wia-**st**   du   bi**st**].
         der   Hans   ist   größer   als   wie-2.Sg.   du   bist

      b. Da   Hans   is   gressa   als   [wia-**ts**   ia   sei**ts**].
         der   Hans   ist   größer   als   wie-2.Pl.   ihr   seid

Auch in den Beispielen in (38) kann, wie wir das schon in (37b) gesehen haben, das Verb weggelassen werden. In diesem Fall machen wir allerdings eine interessante Beobachtung (vgl. Bayer 1984): Das nebensatzeinleitende Element darf dann keine Kongruenzendung mehr aufweisen, sondern muss unflektiert bleiben, wie die Beispiele in (39) und (40) zeigen:

(39) a. *Da Hans is gressa als [wia-**st** du].

      b. Da Hans is gressa als [wia du].

(40) a. *Da Hans is gressa als [wia-ts ia].

      b. Da Hans is gressa als [wia ia].

Eine ähnliche Besonderheit zeigt sich im Fall von Fragesätzen, die mit einem w-Wort wie *wer, was, wo, wann* eingeleitet werden. In so einem Fall kann im Bairischen, wie im Standarddeutschen, das gesamte Material des Fragesatzes bis auf das Fragewort selbst weggelassen werden.

(41) a. I   hob   des   scho   amoi   gseng   aber   i   konn   mi
         ich   habe   das   schon einmal   gesehen   aber   ich   kann   mich

         nimma   erinnern   [wo   i   des   gseng   hob].
         nicht mehr   erinnern   wo   ich   das   gesehen   habe

      b. I hob des scho amoi gseng aber i konn mi nimma erinnern [wo].

Betrachtet man indirekte Fragesätze der zweiten Person, so zeigt sich wiederum eine interessante Ausnahme bei der Flexion des nebensatzeinleitenden Frageworts. Wird alles bis auf das Fragewort selbst weggelassen, darf das Fragewort in diesem Fall keine Kongruenzendung mehr aufweisen (vgl. Fuß 2005):

(42) a. I woas, dass-st du des scho amoi kocht host, aber i
             ich weiß dass-2.Sg. du das schon einmal gekocht hast aber ich

              konn mi nimma erinnern [wo-**st** du des kocht ho**st**].
              kann mich nicht mehr erinnern wo-2.Sg. du das gekocht hast

    b. *I woas, dass-st du des scho amoi kocht host, aber i konn mi nimma erinnern [wo**st**].

    c. I woas, dass-**st** du des scho amoi kocht host, aber i konn mi nimma erinnern [wo].

(43) a. I woas, dass-ts ia des scho amoi kocht habts, aber i
             ich weiß dass-2.PL. ihr das schon einmal gekocht habt aber ich

              konn mi nimma erinnern [wo-ts ia des kocht habts].
              kann mich nicht mehr erinnern wo-2.Pl. ihr das gekocht habt

    b. *I woas, dass-ts ia des scho amoi kocht habts, aber i konn mi nimma erinnern [wo-**ts**].

    c. I woas, dass-ts ia des scho amoi kocht habts, aber i konn mi nimma erinnern [wo].

Obwohl die Nebensätze, in denen nur noch das w-Wort übrig gelassen ist, genauso als zweite Person verstanden werden wie die vollständigen Nebensätze, darf die entsprechende Personen-Endung in diesem Fall nicht mehr an dem w-Wort erscheinen.

Die auf den ersten Blick rätselhaften Phänomene, die an den Beispielen (39)/(40) bzw. (42)/(43) illustriert wurden, werden verstehbar, wenn wir davon ausgehen, dass nebensatzeinleitende Elemente in bairischen Sätzen der zweiten Person eine Verb-Endung aufweisen. Die Beobachtung, dass die Flexion eines nebensatzeinleitenden Elements im Bairischen an die sichtbare Präsenz eines Verbs mit der entsprechenden Flexionsendung gebunden ist, kann dann als erneute Bestätigung für diese Annahme angesehen werden.

Wenn man sich nun fragt, woher es kommt, dass Dialekte über dieses merkwürdige Phänomen einer verbähnlichen Beugung nebensatzeinleitender Elemente verfügen, so sind diffizile linguistische Theorien erforderlich, um auf diese Frage eine halbwegs plausible (wenn auch keineswegs allgemein akzeptierte) Antwort zu geben. Selbstverständlich ist hier nicht der Ort, um sich mit derlei theoretischen Überlegungen zu befassen. Ich möchte dem Leser aber dennoch einen Hinweis geben, womit dieses Phänomen zusammenhängen könnte.

In Kapitel III haben wir gesehen, was eine Verb-Zweit-Sprache ist und wie sich das Verb-Zweit-Phänomen in einem einfachen topologischen Modell der Satzstruktur repräsentieren lässt (Verbposition in der linken Satzklammer). Relevant für unsere Frage ist nun die Beobachtung, dass alle Dialekte, in denen wir nebensatzeinleitende Elemente mit Verb-Endungen beobachten, Verb-Zweit-Sprachen sind.

Wie uns das topologische Strukturmodell in Kapitel III gezeigt hat, ist diesem Strukturmodell zufolge die Position des finiten Verbs in Aussagesätzen (also in Verb-Zweit-Sätzen) identisch mit der Position des nebensatzeinleitenden Elements in finiten Nebensätzen. Ist z. B. ein Nebensatz nicht von einer Konjunktion wie z. B. *dass* eingeleitet, erscheint das finite Verb auch in einem Nebensatz in der Position des einleitenden *dass* (also in der linken Satzklammer):

(44)   Hans glaubt,

    a.   **dass** der FC Bayern den italienischen

                                                  Trainer engagieren wird.

    b. den italienischen Trainer **wird** der FC Bayern engagieren.

Man kann also schließen, dass die Position des nebensatzeinleitenden Elements, also die linke Satzklammer, verbale Eigenschaften besitzt. Sonst könnte sie in Fällen wie (44b) nicht verbale Elemente beherbergen. Dann müssen es diese verbalen Eigenschaften sein, die im

Fall nebensatzeinleitender Elemente für die Flexion derselben verantwortlich sind und diese einzigartige dialektale Eigenschaft möglich machen.

Selbstverständlich liefert diese Überlegung nur eine notwendige und noch keine hinreichende Bedingung für dieses Phänomen. Schließlich ist auch das Standarddeutsche eine Verb-Zweit-Sprache, weist aber dieses Phänomen nicht auf. Um den diesbezüglichen Unterschied zwischen dem Bairischen und dem Standarddeutschen erklären zu können, muss man daher erneut annehmen, dass das Bairische tiefer liegende, abstrakte grammatische Eigenschaften sichtbar macht, die sich im Standarddeutschen nicht zeigen. Es scheint sich hier also wiederum zu erweisen, dass Dialekte über grammatische Eigenschaften bisweilen mehr Aufschluss geben als Standardsprachen. In diesem Sinne können sie grammatischen Reichtum und grammatische Einzigartigkeit beanspruchen.

Was den Sprecher des Bairischen betrifft, der all diese Einzigartigkeiten und Kompliziertheiten mühelos beherrscht, so können wir ihm auch zum Abschluss dieses Kapitels einen Satz von Karl Valentin zurufen, der einmal mehr das Phänomen der flektierten Konjunktion aufweist:

(45)   Bist   do   net   so   saudumm   wiast   ausschaugst.
        (Du) bist doch nicht so   saudumm   wie-2.Sg. ausschaust
                    (Karl Valentin, *Begriffstutzig*, Sämtliche Werke, Bd. 8: 83)

KAPITEL VI

WEA ZOID DEN DEA WO OSCHAFD?

(BENNO HÖLLTEUFFEL ÜBER DEN KAPITALISMUS)

In Kapitel IV haben wir gesehen, dass indirekte w-Fragesätze des Bairischen die Besonderheit aufweisen, dass zusätzlich zu dem einleitenden w-Fragewort auch noch die Konjunktion *dass* vorkommt, die signalisiert, dass es sich hier um einen Nebensatz handelt.

(1)   I   mecht   wissen,   wem   dass   da   Hans   des   vasprocha   hot.
       ich möchte wissen   wem   dass   der   Hans   das   versprochen   hat

Jetzt kommen wir zurück auf ein analoges Phänomen, das in Kapitel II zur Illustration nicht-sichtbarer Eigenschaften des Bairischen herangezogen wurde. Es handelt sich um die Beobachtung, dass bairische Relativsätze nicht nur von einem Relativpronomen eingeleitet werden, sondern dass dem Relativpronomen das Wort *wo* folgen muss, wobei unter bestimmten Umständen auch das Wort *wo* alleine einen Relativsatz einleiten kann. Man vergleiche die folgenden Beispiele:

(2)   a. dea   Mo,   **dea   wo**   des   gsogd   hot
          der   Mann   der   wo   das   gesagt   hat

       b. dea   Mo,   **wo**   des   gsogd   hot

In Kapitel II wurde darauf hingewiesen, dass – entgegen der Annahme der traditionellen bairischen Grammatik – das Wort *wo* kein Relativpronomen sein kann, da ein Relativsatz nicht von zwei Relativpronomen eingeleitet werden kann. Es lässt sich nun zeigen, dass dem Wort *wo*, das in (2a) dem Relativpronomen folgt, eine ähnliche nebensatzeinleitende Funktion zukommt wie dem Wort *dass* in indirekten w-Fragen der Art (1) und deklarativen Nebensätzen der Art (3).

(3) | I | glab, | dass | da | Hans | recht | hot.
| *ich* | *glaube* | *dass* | *der* | *Hans* | *recht* | *hat*

D. h. dass das Wort *wo* in Relativsätzen als eine relativsatzspezifische Konjunktion analysiert werden kann (Bayer 1984). Während das einleitende Relativpronomen in bairischen Relativsätzen unter bestimmten Bedingungen weggelassen werden kann, ist die Präsenz der Konjunktion *wo* obligatorisch. Man vergleiche das korrekte Beispiel (2a) mit dem ungrammatischen Beispiel (4b):

(4)   a. dea Mo, wo des gsogd hot

       b. *dea Mo, dea des gsogd hot

Wir beobachten hier also eine Parallelität zwischen indirekten w-Fragen und Relativsätzen. In beiden Fällen ist neben dem einleitenden Pronomen (w- bzw. Relativpronomen) auch noch eine Konjunktion erforderlich. Der Unterschied besteht lediglich darin, dass diese Konjunktion in indirekten w-Fragen die Form *dass* hat, während sie bei Relativsätzen die Form *wo* hat. Die grammatische Funktion ist jedoch in beiden Fällen dieselbe.

Extensiver Gebrauch wird von dieser Besonderheit bairischer Relativsätze in einem Gedicht von Benno Höllteuffel gemacht, das den Titel trägt *wea zoid schafd o* und dem die Überschrift des vorliegenden Kapitels entnommen wurde (Höllteuffel 1971: 71, Hervorhebungen von mir):

(5) *wea zoid schafd o*   wer zahlt schafft an

*& wea zoid den dea **wo** oschafd?*	und wer zahlt den der anschafft?
*dea dem **wo** ogschafd wead zoid*	der dem angeschafft wird zahlt
*den dea **wo** oschafd*	den der anschafft
*weil dea **wo** oschafd muas a lem*	weil der der anschafft muss auch leben
damid a oschaffa ko & zoin	damit er anschaffen kann und zahlen
*sunst dad ja dea dem **wo** ogschafd*	sonst würde ja der dem angeschafft
wead fahungan faschdesd?	wird verhungern verstehst?

In Kapitel III haben wir das topologische Satzmodell kennengelernt und dabei gesehen, dass in diesem Modell davon ausgegangen wird, dass die linke Satzklammer nicht mehr als ein Element enthalten kann (entweder eine Konjunktion oder das finite Verb). Der grammatische »Einfallsreichtum« des Bairischen bringt für diese Annahme allerdings ein Problem mit sich. Wenn nämlich die relativsatzspezifische Konjunktion *wo*, genauso wie die Konjunktion *dass*, in der linken Satzklammer lokalisiert ist, dann zeigen Beispiele wie (6), dass in bairischen Relativsätzen sogar zwei satzeinleitende Konjunktionen möglich sind. Es sieht daher so aus, als sei die obige Annahme zu revidieren bzw. zu modifizieren:

(6)   dea Mo, der **wo dass** des gsogd hot

Wie auch immer man diese Besonderheit des Bairischen mit unserem Strukturmodell (bzw. einer modifizierten Version desselben) in Einklang bringen mag, auch andere Sprachen zeigen, dass hier eine Modifikation notwendig ist. So beobachtet man auch im Holländischen simultane Vorkommen von mehreren Konjunktionen (vgl. Hoekstra 1993: 161, Bayer 2004: 65):

[Holländisch]

(7) Dat is niet zo gek **als of dat** hij gedacht had.
    das ist nicht so komisch als ob dass er gedacht hatte

    ›Das ist nicht so komisch wie er gedacht hatte.‹

(8) Ze weet **wie of dat** hij had willen opbellen.
    sie weiß wer ob dass ihn hat wollen anrufen

    ›Sie weiß, wer ihn anrufen wollte.‹

Wiederum können wir beobachten, dass das Bairische grammatische Optionen realisiert, die es zwar nicht im Standarddeutschen gibt, die jedoch durchaus auch in anderen Sprachen zu finden sind. Wer also den Dialekt als eine »defizitäre« Form einer »Hochsprache« ansieht, sollte dieses Urteil korrigieren. Man könnte genauso gut die These vertreten, dass das Standarddeutsche eine defizitäre Form des Bairischen ist.

Wir haben an Beispiel (2b) und (4a) gesehen, dass das Relativpronomen weggelassen werden kann, sodass ein Relativsatz lediglich von der Konjunktion *wo* eingeleitet wird. Diese Option existiert allerdings nicht generell, wie das folgende Beispiel zeigt:

(5) a. dea Mo, dem wo i ghoifa hob
       der Mann dem wo ich geholfen habe

    b. *dea Mo, wo i ghoifa hob
        der Mann wo ich geholfen habe

Fragen wir uns daher, ob es spezielle Bedingungen gibt, unter denen das Relativpronomen im Bairischen weggelassen werden kann. Einen Hinweis erhalten wir, wenn wir die Beispiele in (2) und (5) einander gegenüberstellen, hier wiederholt als (6) und (7):

(6)	a.	dea	Mo,	dea	wo	des	gsogd	hot
		der	*Mann*	*der*	*wo*	*das*	*gesagt*	*hat*
	b.	dea	Mo,		wo	des	gsogd	hot

(7)	a.	dea	Mo,	dem	wo	i	ghoifa	hob
		der	*Mann*	*dem*	*wo*	*ich*	*geholfen*	*habe*
	b.	*dea	Mo,		wo	i	ghoifa	hob
		der	*Mann*		*wo*	*ich*	*geholfen*	*habe*

Während in (6a) das Relativpronomen *dea* denselben Kasus besitzt wie das Nomen *dea Mo*, auf das sich das Relativpronomen bezieht (nämlich den Nominativ), ist das in Beispiel (7a) nicht der Fall. Auch hier steht das Bezugsnomen *dea Mo* im Nominativ, das Relativpronomen muss aber im Dativ stehen, da es eine Ergänzung des Verbs *helfen* darstellt. Wir können daraus schließen, dass das Relativpronomen offenkundig nur dann weggelassen werden kann, wenn es denselben Kasus besitzt wie das Nomen, auf das es sich bezieht.

So interessant diese Bedingung ist, sie scheint nicht ganz korrekt zu sein. Betrachten wir dazu die Beispiele in (8):

(8)	a.	des	Buach,	des	wo	i	glesn	hob	(is spannend)
		das	*Buch*	*das*	*wo*	*ich*	*gelesen*	*habe*	*(ist spannend)*
	b.	des	Buach,		wo	i	glesn	hob	(is spannend)
		das	*Buch*		*wo*	*ich*	*gelesen*	*habe*	*(ist spannend)*

Auch in (8b) ist das Relativpronomen weggelassen worden, und das Resultat ist ein einwandfreier bairischer Relativsatz. Allerdings ist in diesem Fall die genannte Bedingung nicht erfüllt.

In Beispiel (8b) ist *des Buach* im Nominativ (*wer oder was ist spannend*), das nicht-sichtbare Relativpronomen verlangt dagegen den Akkusativ (*wen oder was habe ich gelesen*). Dieser Kasusunterschied zwischen Bezugswort und Relativpronomen sollte das Weglassen des Relativpronomens eigentlich verbieten.

Um erklären zu können, warum (8b) dennoch möglich ist, müssen wir unsere Bedingung offenkundig modifizieren. Einen Hinweis darauf, wie diese Modifikation auszusehen hat, liefert uns die Beobachtung, dass die *Akkusativ-Form* des weggelassenen Relativpronomens, nämlich *des*, identisch ist mit der eigentlich verlangten *Nominativ-Form*. Man vergleiche die Beispiele (9) und (10):

(9) des Buch, **des** (wen oder was = Akkusativ) wo i   glesn   hob
     das Buch, das   *wo ich gelesen habe*

     (is   spannend)
     (ist spannend)

(10) Des Buch, **des** (wer oder was = Nominativ) wo mir gfoin   hot,
     das Buch   das   *wo mir gefallen hat*

     (war net   billig)
     (war nicht billig)

Offenkundig kann das Relativpronomen in einem Ausnahmefall auch dann weggelassen werden, wenn ein »Kasuswechsel« zwischen Bezugswort und Relativpronomen vorliegt. Dieser Ausnahmefall liegt dann vor, wenn der Kasuswechsel nicht sichtbar ist. D. h. ein Relativpronomen, dessen Kasus sich vom Kasus des Bezugsnomens unterscheidet, kann dann weggelassen werden, wenn es dieselbe Form besitzt wie ein Relativpronomen, das im Kasus mit dem Kasus des Bezugsnomens übereinstimmt. In so einem Fall ist also der Kasusunterschied zwischen Bezugswort und Relativpronomen nicht sichtbar, und auch in dieser Ausnahmesituation kann ein Relativsatz allein durch das Wort *wo* eingeleitet werden.

Was wir aus diesen Beobachtungen schließen können, ist, dass die grammatische Bedingung, die ein alleinstehendes *wo* als Einleitung eines Relativsatzes zulässt, nichts mit den Eigenschaften von *wo* zu tun hat.

Unsere Beobachtungen zur strukturellen Funktion des obligatorischen Wortes *wo* in Relativsätzen sowie zu den komplizierten Bedingungen, unter denen dieses Wort ohne Präsenz des Relativpronomens als alleiniges Einleitungswort von Relativsätzen fungieren kann, bestätigen also die zwei grundlegenden Hypothesen, die wir in Kapitel II zu nicht-sichtbaren Eigenschaften in bairischen Relativsätzen vorgebracht haben.

Zum einen handelt es sich bei diesem *wo* auch dann nicht um ein Relativpronomen, wenn es alleine einen Relativsatz einleitet, sondern um eine Konjunktion, die den Konjunktionen *dass* und *ob* vergleichbar ist.

Zum anderen ist in bairischen Relativsätzen auch dann die Präsenz eines Relativpronomens anzunehmen, wenn es nicht sichtbar in Erscheinung tritt. Schließlich haben wir gesehen, dass es spezifische Eigenschaften dieses nicht-sichtbaren Relativpronomens sind, die entscheidend dafür sind, ob die Konjunktion *wo* alleine einen Relativsatz einleiten kann.

An dieser Stelle ist eine Ergänzung zu der allgemeinen Charakterisierung von Relativsätzen notwendig, wie sie in Kapitel II gegeben wurde. Es wird sich zeigen, dass diese Ergänzung für unsere Beobachtungen über die Konjunktion *wo* in Relativsätzen relevant ist.

In Kapitel II wurde gesagt, dass Relativsätze Nebensätze sind, die dazu dienen, eine in der Regel durch ein Substantiv ausgedrückte Bezugsgröße näher zu bestimmen. So wird in einem Satz wie (11) durch den Relativsatz näher bestimmt, dass nicht auf alle Studenten, sondern nur auf die in München studierenden Bezug genommen wird:

(11)   die Studenten, die in München studieren

In ähnlicher Weise wird in (12) durch den Relativsatz angegeben, dass nur von dem Studenten die Rede ist, den ich gestern im Biergarten kennengelernt habe:

(12) der Student, den ich gestern im Biergarten kennengelernt habe

Die Beispiele (11) und (12) repräsentieren einen speziellen Typ von Relativsatz, den man aufgrund seiner aussondernden oder einschränkenden Rolle auch »restriktiven Relativsatz« nennt. Neben restriktiven Relativsätzen wie (11) und (12) gibt es aber auch Relativsätze, die diese einschränkende Funktion nicht besitzen. Beispiele dafür sind die Sätze in (13):

(13) a. Peters Mutter, die in New York lebt
      b. der FC Bayern, der letztes Jahr das Double geholt hat
      c. die Maria, die mir gestern gesagt hat, dass sie nächste Woche heiratet

Es ist klar, dass die Relativsätze in diesen Beispielen keine aussondernde oder einschränkende Funktion besitzen. Es ist ja auch ohne den Relativsatz schon eindeutig bestimmt, wie die Bezugsgröße aussieht: *Peters Mutter, der FC Bayern, die Maria.* Diese Art von Relativsätzen nennt man daher »nicht-restriktive Relativsätze«. Ihre Funktion besteht darin, eine unabhängig gegebene Bezugsgröße genauer zu charakterisieren.

Manchmal kann ein Relativsatz entweder nicht-restriktiv oder restriktiv verstanden werden, wie etwa in Beispiel (14):

(14) das Unternehmen aus China, das E-Autos produziert

Mit (14) kann man sich auf ein unabhängig bestimmtes Unternehmen aus China beziehen und über dieses durch den Relativsatz eine zusätzliche Information liefern. (14) kann aber auch so verstanden werden, dass man sich unter den vielen Unternehmen aus China auf dasjenige beziehen möchte, das E-Autos produziert.

Die Unterscheidung zwischen restriktiven und nicht-restriktiven Relativsätzen ist für unsere Feststellungen zur Konjunktion *wo* in Relativsätzen insofern relevant, als die Beobachtung, dass unter bestimmten Bedingungen das einleitende Relativpronomen weggelassen werden kann, nur für restriktive Relativsätze zu gelten scheint. In nicht-restriktiven Relativsätzen ist meinen Intuitionen zufolge die sichtbare Präsenz eines Relativpronomens obligatorisch. Man vergleiche die (a)- und (b)-Varianten in den folgenden Beispielen nicht-restriktiver Relativsätze:

(15) a. da Vatta von da Maria, der wo nächste Woch 90 werd
          der Vater von der Maria der   *nächste Woche 90 wird*

      b. *da Vatta von da Maria,   wo nächste Woch 90 werd

(16) a. da FC Bayern, der wo des Jahr die Champions League
          der FC Bayern der   *dieses Jahr die Champions League*

          gwinna   mecht
          gewinnen möchte

      b. *da FC Bayern, wo des Jahr die Champions League
          gwinna   mecht

(17) a. da Ministerpräsident Söder, der wo a Grüner worn   is
          der Ministerpräsident Söder der   *ein Grüner geworden ist*

      b. *da Ministerpräsident Söder, wo   a Grüner worn   is

Die Beispiele (15b), (16b) und (17b) sind für mich ungrammatisch. Die nicht-restriktiven Relativsätze verlangen meiner Intuition nach die sichtbare Präsenz eines Relativpronomens, d. h. sie können nicht allein von der Konjunktion *wo* eingeleitet werden, obwohl die oben ermittelte Bedingung der Kasusgleichheit von Bezugswort und Relativpronomen erfüllt wäre.

Wenn diese Beobachtung richtig ist, dann können wir eine interessante Entsprechung zwischen bairischen Relativsätzen und Relativsätzen der »Weltsprache« Englisch feststellen. Im Englischen können Relativsätze durch ein relativisches w-Pronomen wie *who* (›wer‹) oder *which* (›welcher‹) eingeleitet werden oder aber durch die Konjunktion *that* (›dass‹):*

[Englisch]

(18)	a.	the	man	who	lives	next	door	is	a	teacher
		der	*Mann*	*der*	*wohnt*	*nebenan*		*ist*	*ein*	*Lehrer*
	b.	the	man	that	lives	next	door	is	a	teacher

Obwohl das Englische im Gegensatz zum Bairischen (vgl. *der wo*) das gemeinsame Vorkommen eines Relativpronomens und einer Konjunktion (*who that*) nicht zulässt, kann also auch im Englischen das Relativpronomen weggelassen und der Relativsatz lediglich von einer Konjunktion eingeleitet werden. Wir können also den bairischen Relativsatz (19a) dem englischen Relativsatz (19b) gegenüberstellen:

(19)	a.	dea	Mo,	wo	neba	mir	wohnt
	b.	the	man	that	lives	next	door

Auch wenn es im Englischen keine Kasusbeschränkung für das Weglassen des Relativpronomens gibt, so können wir dennoch eine interessante Parallele hinsichtlich der in (19) illustrierten Möglichkeit feststellen: Wie im Bairischen kann auch im Englischen das Relativpronomen nur weggelassen werden, wenn es sich um einen restriktiven Relativsatz handelt. In nicht-restriktiven Relativsätzen muss in

---

* Die Möglichkeit, englische Relativsätze ohne sichtbares einleitendes Element zu bilden wie in (i), ist hier nicht weiter von Interesse:

(i)	the	man		I	wanted	to	meet	was	away
	der	*Mann*	*den*	*ich*	*wollte*		*treffen*	*war*	*nicht da*

beiden Sprachen das Relativpronomen erscheinen. Man vergleiche die bairischen Beispiele in (15), hier wiederholt als (20), mit den englischen Beispielen in (21):

(20) a. da Vatta von da Maria, der wo nächste Woch 90 werd
           der Vater von der Maria der   nächste Woche 90 wird

        b. *da Vatta von da Maria,   wo nächste Woch 90 werd

(21) a. Mary's father, who is 90
          Marias Vater   der 90 ist

        b. *Mary's father, that is 90

Wiederum zeigt sich, dass subtile grammatische Eigenschaften des Bairischen keineswegs in den Bereich hinterwäldlerischer Verschrobenheit zu verweisen sind. Es handelt sich hier vielmehr um Eigenschaften, die von der universalen Grammatik zugelassen werden und die daher auch in anderen Weltsprachen zu beobachten sind.

Der grammatische Reichtum des Bairischen ist daher im Vergleich mit dem Standarddeutschen beeindruckend. Angesichts der grammatischen Vielfalt natürlicher Sprachen ist dieser Reichtum jedoch in keiner Weise sensationell.

Zum Abschluss dieses Kapitels wollen wir bairische Relativsätze mit einem Phänomen in Zusammenhang bringen, das wir in Kapitel V bereits kennengelernt haben. Wir haben dort gesehen, dass es eine hervorstechende Eigenschaft des Bairischen ist, Konjunktionen mit einer Endung zu versehen, die wir normalerweise nur am Verb finden. Diese »Flexion« von Konjunktionen, also nebensatzeinleitenden Elementen, finden wir im Bairischen sowohl an Konjunktionen wie *dass*, *ob*, *weil* etc. als auch an w-Elementen, die indirekte Fragesätze einleiten.

Wie verhält es sich nun, wenn mehrere dieser Elemente zusammen auftreten? Dieser Fall ist uns in Kapitel V bei indirekten w-Fragen schon begegnet. Das w-Element, das diese Fragen einleitet, tritt im Bairischen in der Regel zusammen mit der Konjunktion *dass* auf, wobei Letztere dem w-Element folgt. Wir haben gesehen, dass in diesem Fall die Flexionsendung an das zweite dieser nebensatzeinleitenden Elemente, also an die Konjunktion *dass* und nicht an das w-Element geht. Letzteres ist nur dann der Fall, wenn kein *dass* vorhanden ist:

(22) a. Da Vatta mecht wissen, wen dass-**st** du gestern troffa   ho**st**.
          der Vater möchte wissen wen dass   du gestern getroffen hast

      b. *Da Vatta mecht wissen, wen-**st** dass du gestern troffa ho**st**.

      c. Da Vatta mecht wissen, wen-**st** du gestern troffa ho**st**.

In Relativsätzen haben wir nun eine analoge Situation beobachtet. Das Relativpronomen tritt zusammen mit einer Konjunktion auf, die in diesem Fall durch das *wo* repräsentiert wird. Wie im Fall der indirekten w-Fragen, geht auch bei Relativsätzen die Flexionsendung an das *wo* und nicht etwa an das Relativpronomen, eine Beobachtung, die eine weitere Bestätigung für unsere Annahme liefert, dass es sich bei dem relativischen *wo* um eine Konjunktion handelt:

(23) a. dea Mo,   den wo-**st**   du   bschissn   ho-**st**
          der Mann den wo-2.Sg. du   betrogen   hast

      b. *dea Mo, den-st wo du bschissn ho-**st**

(24) a. dea Mo,   den wo-**ts**   es   bschissn   hab-**ts**
          der Mann den wo-2.Pl. ihr betrogen   habt

      b. *dea Mo, den-**ts** wo es bschissn hab-**ts**

Wiederum können wir Karl Valentin als Zeugen anführen, bei dem es heißt (Hervorhebung von mir):

93

(25) »diese 700 Mark,   de   wo**st**   im Schachterl   drin   ha**st**«
    diese   700 Mark   die   wo-2.Sg.   im Schachterl   drin   hast

(Karl Valentin, *Begriffstutzig*, Sämtliche Werke, Bd. 8: 82)

Ist das Relativpronomen weggelassen worden, geht die Flexions-endung ebenfalls an die Konjunktion *wo*:

(26)   a.   des   Buach,   wo-**st**   du   glesn   ho-**st**
           das   Buch   wo-2.Sg.   du   gelesen   hast

       b.   des   Buach,   wo-**ts**   es   glesn   hab-**ts**
           das   Buch   wo-2.Pl.   ihr   gelesen   habt

Nun gibt es im Bairischen aber auch Relativsätze, die nicht nur von zwei Elementen eingeleitet werden, sondern von dreien, nämlich einem Relativpronomen und zwei Konjunktionen, wie Beispiel (27b) zeigt:

(27)   a.   dea   Mo,   dea   wo   des   gsogt   hot
           der   Mann   der   wo   das   gesagt   hat

       b.   dea   Mo,   dea   wo   dass   des   gsogt   hot
           der   Mann   der   wo   dass   das   gesagt   hat

Man kann sich nun die Frage stellen, ob es auch bei Präsenz von zwei Konjunktionen die Möglichkeit gibt, das Relativpronomen wegzulassen, wenn die uns bekannten Bedingungen (Kasusidentität mit Bezugsnomen) erfüllt sind. Interessanterweise ist das aber nicht der Fall. Die Kombination von *wo* und *dass* ist ohne Präsenz eines Relativpronomens nicht möglich, wie die folgenden Beispiele zeigen:

(28)   a.   dea Mo, wo des gsogt hot
       b.   *dea Mo, wo dass des gsogt hot

Wie verhält es sich nun mit der Flexionsendung der Konjunktion, wenn zwei Konjunktionen im Relativsatz vorhanden sind? Im Prinzip könnte die Konjunktion in so einem Fall bei der ersten, bei der zweiten oder bei beiden Konjunktionen auftreten. Wie angesichts der Beispiele in (23) und (24) nicht anders zu erwarten, tritt sie aber auch hier stets am letzten nebensatzeinleitenden Element auf; d. h. sind neben dem Relativpronomen noch zwei Konjunktionen präsent, wie in (27b), dann muss die Flexionsendung an die zweite Konjunktion gehen:

(29)   a. dea Mo,   den wo dass-**st** du bschissn ho-**st**
          der Mann den wo   dass-2.Sg. du betrogen hast

      b. *dea Mo, den wo-st dass du bschissn ho-**st**

      c. *dea Mo, den-st wo dass du bschissn ho-**st**

(29)   a. dea Mo,   den wo dass-**ts** es bschissn hab-**ts**
          der Mann den wo   dass-2.Pl. ihr betrogen habt

      b. *dea Mo, den wo-**ts** dass es bschissn hab-**ts**

      c. *dea Mo, den-**ts** wo dass es bschissn hab-**ts**

Angesichts dieser hoch komplizierten grammatischen Phänomene drängt sich die Vermutung auf, dass Bairisch sehr wahrscheinlich weitaus schwerer zu lernen ist als etwa Englisch oder Standarddeutsch. Zum Trost für alle Nicht-Bayern sei aber noch einmal betont, dass sich der Spracherwerb intelligenzunabhängig vollzieht.

KAPITEL VII

WIA S D AS MACHST IS S VERKEHRT

(HARALD GRILL UND DAS VERLORENE SUBJEKT)

Die Existenz kongruierender Verb-Endungen an Elementen der linken Satzklammer hat weitere Konsequenzen für die Grammatik des Bairischen, die im Standarddeutschen nicht zu beobachten sind. Die relevante Eigenschaft lässt sich schon im Titelsatz dieses Kapitels beobachten, wenn sie auch nicht auf den ersten Blick ins Auge fällt. Dieser Satz bildet den Titel eines Gedichts von Harald Grill, das in dem Band *Vastehst me* erschienen ist (Bauernfeind et al., hrsg. 2014). Wenn wir uns an die Erkenntnis des vorausgehenden Kapitels erinnern, dann wissen wir, dass das Wort *wia* (›wie‹), das den Nebensatz

(1)   wia s d as machst

einleitet, die Verb-Endung der zweiten Person Singular trägt. Dies ist aufgrund der Schreibweise des originalen Gedichttitels nicht gleich erkennbar. Eigentlich müsste der Titel dieses Gedichts geschrieben werden wie in (2):

(2)   wia-st   as   machst
       wie-2.Sg.   es   machst

Da Satz (2) zu übersetzen ist als (3)

(3)   wie du es machst

sieht man, dass das Subjekt *du* im Titel dieses Gedichts nicht vorhanden ist. Es existiert also im Bairischen die grammatische Option, dass
das Subjekt eines Satzes nicht durch ein lexikalisches Element (also
ein Wort) repräsentiert sein muss. Allerdings gibt es die Möglichkeit,
ein Subjekt wegzulassen, im Bairischen nicht generell. Betrachten wir
daher die Sätze in (4), um herauszufinden, unter welchen Umständen das Bairische diese Option erlaubt.

(4)   a. Morgn   muaßt   as   Gras   schneidn.
          morgen   musst-2.Sg.   das   Gras   schneiden

       b. Morgn   miaßts   as   Gras   schneidn.
          morgen   müsst-2.Pl. das   Gras   schneiden

Auch in diesen Sätzen fehlt das Subjekt. Dennoch sind sie im Bairischen wohlgeformt. Im Standarddeutschen sind die entsprechenden
Sätze nicht möglich:

(5)   a. *Morgen musst das Gras schneiden.
       b. *Morgen müsst das Gras schneiden.

Nun haben wir gesagt, dass im Bairischen ein Satzsubjekt nicht generell weggelassen werden kann. Fragen wir uns also, in welchen Fällen
das Bairische Subjektlosigkeit nicht erlaubt. Wir können feststellen,
dass in Sätzen, die ein Verb in der ersten Person Singular oder in der
dritten Person Plural enthalten, diese Möglichkeit nicht existiert.
Lässt man das pronominale Subjekt *i* (›ich‹) bzw. *sie* (›sie‹) weg, resultiert Ungrammatikalität, wie die Sätze in (6) und (7) zeigen:

(6) a. Morgn muaß i as Gras schneiden.
     morgen muss ich das Gras schneiden

   b. *Morgn muaß as Gras schneiden.

(7) a. Morgn miaßn sie as Gras schneiden.
     morgen müssen sie das Gras schneiden

   b. *Morgn miaßn as Gras schneiden.

Die obigen Beispiele zeigen also, dass die Möglichkeit, das Subjekt wegzulassen, im Bairischen nur für Sätze in der zweiten Person Singular und Plural existiert. Dies gilt nicht nur für Hauptsätze wie (4), sondern auch für Nebensätze, die von einer Konjunktion oder einem w-Element eingeleitet sind:

(8) a. Da Hans hot gfrogt, ob-st morgen as Gras schneidn
     der Hans hat gefragt ob-2.Sg. morgen das Gras schneiden
     konnst.
     kannst

   b. Da Hans hot gfrogt, ob-ts morgn as Gras schneidn
     der Hans hat gefragt ob-2.Pl. morgen das Gras schneiden
     kennts.
     könnt

Auch bzgl. der ersten Person Singular und der dritten Person Plural machen wir in Nebensätzen analoge Beobachtungen, was die Option fehlender Subjekte betrifft.

(9)   a. Da Hans hot gfrogt, ob i   morgn as Gras schneidn
der Hans hat gefragt ob ich morgen das Gras schneiden

kannt.
könnte

      b. *Da Hans hot gfrogt, ob   morgn as Gras schneidn kannt.

(10) a. Da Hans hot gfrogt, ob sie morgn as Gras schneidn
der Hans hat gefragt ob sie morgen das Gras schneiden

kanntn.
könnten

      b. *Da Hans hot gfrogt, ob   morgn as Gras schneidn kanntn.

Die Option, Sätze ohne ein lexikalisches Subjekt zu bilden, existiert in zahlreichen Sprachen. Vertraut ist uns dieses Phänomen aus dem Lateinischen oder Italienischen, wo das Subjekt in allen Personen des Verbs fehlen kann.

[Latein]

(11) a. Laudo   (›ich lobe‹)

      b. Laudas   (›du lobst‹)

      c. Laudat   (›er/sie/es lobt‹)

      d. Laudamus (›wir loben‹)

      e. Laudatis   (›ihr lobt‹)

      f. Laudant   (›sie loben‹)

[Italienisch]

(12) a. Parlo   (›ich spreche‹)

      b. Parli   (›du sprichst‹)

      c. Parla   (›er/sie/es spricht‹)

      d. Parliamo (›wir sprechen‹)

      e. Parlate   (›ihr sprecht‹)

      f. Parlano   (›sie sprechen‹)

Während Sprachen wie Latein, Italienisch, Spanisch oder Griechisch generell, d.h. in allen Personen und Zeitformen (Tempora) des Verbs, die Option besitzen, das Subjekt unausgesprochen zu lassen, zeigen die obigen Beispiele, dass das Bairische diese Option zwar für die zweite Person Singular und Plural, nicht aber für die erste Person Singular und die dritte Person Singular und Plural besitzt.

Das Bairische unterscheidet sich hier also von Sprachen, die *generelle* Subjektlosigkeit zulassen. Allerdings steht das Bairische auch mit dieser Eigenschaft nicht allein. Es gibt Sprachen wie z. B. das Hebräische oder das Finnische, die ähnlich wie das Bairische Subjektlosigkeit nur in einem eingeschränkten Maße erlauben.

Im Hebräischen kann das Subjekt nur in der ersten und zweiten Person des Vergangenheitstempus (Präteritum) und Zukunftstempus (Futur) generell weggelassen werden, wie die folgenden Beispiele illustrieren (Vainikka/Levy 1999, Holmberg 2005). Beispiel (13) zeigt, dass das Subjekt der ersten Person in der Vergangenheitsform (Präteritum), nicht aber in der Gegenwartsform (Präsens) unausgesprochen bleiben kann:

[Hebräisch]

(13)   a. Axalti   Iexem.
        aß-1.Sg.   *Brot*
        ›Ich aß Brot.‹

       b. *Oxel   Iexem.
        esse-1.Sg.   *Brot*

       c. Ani   oxel   Iexem.
        ich   *esse*   *Brot*   (Holmberg 2005)

An den Beispielen in (14) kann man sehen, dass das Subjekt in der ersten und zweiten Person der Vergangenheitsform weggelassen werden kann, nicht aber in der dritten Person:

[Hebräisch]

(14)   a. Halaxti   itxa   ki   racita.
           ging-1.Sg.   mit-dir   weil   wolltest-2.Sg.
           ›Ich ging mit dir, weil du wolltest.‹

       b. *Halax   itxa   ki   acita.
           ging-3.Sg.   mit-dir   weil   wolltest-2.Sg.

       c. Hu   halax   itxa   ki   racita.
           er   ging-3.Sg.   mit-dir   weil   wolltest-2.Sg.
           ›Er ging mit dir, weil du wolltest.‹   (Vainikka/Levy 1999)

Analoges lässt sich für die Zukunftsform (Futur) zeigen.

Ähnlich wie im Bairischen existiert auch im Finnischen die Option der Subjektlosigkeit nur in eingeschränktem Maße. Hier kann in der ersten und zweiten Person aller Zeitformen (Tempora), nicht aber in der dritten Person das Subjekt unausgesprochen bleiben. Die Beispiele in (15) zeigen dies für die erste und zweite Person; (16) zeigt, dass die dritte Person ein lexikalisches Subjekt verlangt:

[Finnisch]

(15)   a. Jään   kotiin,   jos   pyydät   kauniisti.
           bleibe-1.Sg. zu Hause   wenn   bittest-2.Sg. nett
           ›Ich bleibe zu Hause, wenn du nett bittest.‹

       b. Kun soititte,   olimme   juuri   kaupassa.
           als   anrieft-2.Pl waren-1.Pl. gerade   im Kaufhaus
           ›Als ihr anrieft, waren wir gerade beim Einkaufen.‹

(16)   a. *Kun soitti,   söivat   juuri   aamiaista.
           als   anrief-3.Sg. aßen-3.Pl. gerade   Frühstück

       b. Kun hän soitti,   he   söivat   juuri   aamiaista.
           als   er   anrief-3.Sg. sie aßen-3.Pl. gerade Frühstück
           ›Als er anrief, saßen sie gerade beim Frühstück.‹

(Vainikka/Levy 1999)

Das Englische lässt subjektlose Sätze nicht zu, und das Standarddeutsche erlaubt sie nur in einem speziellen Fall, dem sog. unpersönlichen Passiv. Das ist das Passiv von sog. intransitiven Verben wie *arbeiten, telefonieren, jammern*, also Verben, die kein Akkusativobjekt zulassen.

(17)   a. In der Schule wird hart gearbeitet.

           b. Im Restaurant wird nicht telefoniert.

           c. Hier wird nicht gejammert.

Unpersönliche Passivsätze wie in (17) stellen den einzigen Fall dar, in dem das Standarddeutsche in finiten Sätzen Subjektlosigkeit zulässt.

Selbstverständlich gibt es das unpersönliche Passiv auch im Bairischen:

(18) Heit   werd   g'rafft.
       heute   wird   gerauft

                         (Karl Valentin, *Meine Jugendstreiche*, Sämtliche Werke, Bd. 7: 62)

Einen interessanten Fall repräsentiert das Schwäbische (Region Bodensee). Auch hier existiert die Option der Subjektlosigkeit, allerdings in einem noch eingeschränkteren Maße als im Bairischen. Es sieht so aus, als könne hier nur in der zweiten Person Singular der Gegenwartsform ein Subjekt unausgesprochen bleiben. Die Beispiele in (19) zeigen, dass das Subjekt zwar in der zweiten Person Singular (*du*), nicht aber in der zweiten Person Plural (*ihr*) der Gegenwartsform (Präsens) unausgedrückt bleiben kann.

[Schwäbisch]

(19) a. Woisch des itte?
　　　weißt-2.Sg. das nicht
　　　›Weißt du das nicht?‹

　　 b. *Wisset des itte?
　　　wisst-2.Pl. das nicht

　　 c. Wisset ihr des itte?
　　　›Wisst ihr das nicht?‹

An den Beispielen in (20) kann man sehen, dass das Subjekt weder in der ersten Person Singular (*ich*) noch in der ersten Person Plural (*wir*) der Gegenwartsform weggelassen werden kann.

(20) a. *Woiß des itte.
　　　weiß-1.Sg. das nicht

　　 b. I woiß des itte.
　　　ich weiß das nicht

　　 c. *Wisset des itte.
　　　wissen-1.Pl. das nicht

　　 d. Mir wisset des itte.
　　　wir wisset das nicht

Die Beispiele in (21) zeigen, dass das Schwäbische weder in der dritten Person Singular (*er*) noch in der dritten Person Plural (*sie*) der Gegenwartsform zulässt, dass das Subjekt lexikalisch nicht realisiert wird:

(21)　a.　*Woiß　　　　des　　itte.
　　　　　　weiß-3.Sg.　　*das*　　*nicht*

　　　b.　Er woiß　　　des　　itte.
　　　　　　er weiß　　　　*das*　　*nicht*

　　　c.　*Wisset　　　des　　itte.
　　　　　　wissen-3.Pl.　*das*　　*nicht*

　　　d.　Sie　wisset　des　　itte.
　　　　　　sie　*wissen*　*das*　　*nicht*

In den folgenden Beispielen ist das Vorfeld durch ein temporales Adverb (*morgen*) besetzt. Das Subjekt muss also im Mittelfeld stehen. Solche Beispiele bestätigen, was wir an den Beispielen (19)–(21) gesehen haben. Die Sätze in (22) zeigen wiederum, dass das Subjekt zwar in der zweiten Person Singular, nicht aber in der zweiten Person Plural unausgedrückt bleiben kann:

(22)　a.　Morga　gosch　　zum　Friseur.
　　　　　　morgen　*gehst-2.Sg.*　*zum*　*Friseur*
　　　　　›Morgen gehst du zum Friseur.‹

　　　b.　*Morga　ganget　　zum　Friseur.
　　　　　　morgen　*geht-2.Pl.*　　*zum*　*Friseur*

　　　c.　Morga　ganget　ihr　zum　Friseur.
　　　　　　morgen　*geht*　　*ihr*　*zum*　*Friseur*

Dass das Subjekt sowohl in der ersten Person Singular als auch in der ersten Person Plural lexikalisch realisiert werden muss, ist aus (23) ersichtlich.

(23)   a. *Morga   gang   zum   Friseur.
           morgen *gehe-1.Sg.*   *zum* *Friseur*

       b. Morga   gang   i   zum   Friseur.
           morgen *gehe*   *ich* *zum* *Friseur*

       c. *Morga   ganga   zum   Friseur.
           morgen *gehen-1.Pl.*   *zum* *Friseur*

       d. Morga   ganga   mir   zum   Friseur.
           morgen *gehen*   *wir* *zum* *Friseur*

Schließlich bestätigen die Beispiele in (24), dass das Schwäbische auch in der dritten Person Singular und Plural die lexikalische Realisierung des Subjekts verlangt:

(24)   a. *Morga   goht   zum   Friseur.
           morgen *geht-3.Sg.*   *zum* *Friseur*

       b. Morga   goht-se   zum   Friseur.
           morgen *geht-sie*   *zum* *Friseur*

       c. *Morga   gangat   zum   Friseur.
           morgen *gehen-3.Pl.* *zum* *Friseur*

       d. Morga   gangat-se   zum   Friseur.
           morgen *gehen-sie*   *zum* *Friseur*

Nun verstehen wir natürlich in Fällen unausgesprochener Subjekte wie etwa in den lateinischen und italienischen Beispielen in (11) und (12) trotz des Fehlens eines lexikalischen Subjekts durchaus, was hier als Subjekt fungiert. Wir müssen nur auf die deutschen Übersetzungen schauen. Offenkundig liefern uns die unterschiedlichen Endungen der Verben in diesen Sprachen die relevante Information über das jeweilige Subjekt.

Kommen wir zurück zum Bairischen. In Kapitel III über die topologische Satzstruktur des Deutschen haben wir gesehen, dass die Subjektposition im Deutschen am Beginn des Mittelfeldes zu lokalisieren ist. Sie befindet sich also in unmittelbarer Nachbarschaft zu der linken Satzklammer. Nun haben unsere Beobachtungen zur Option subjektloser Sätze im Bairischen gezeigt, dass das Subjekt genau dann fehlen kann, wenn sich in der benachbarten linken Satzklammer ein Element befindet, das kongruierende Verb-Endungen aufweist.

Wir können daher schließen, dass die eingeschränkte Möglichkeit, im Bairischen Sätze ohne Subjekt zu bilden, mit einer anderen grammatischen Eigenschaft des Bairischen zusammenhängt, wie wir sie in Kapitel V kennengelernt haben: dass die Position der linken Satzklammer eine verbale Position ist, die in der zweiten Person Singular und Plural Kongruenzendungen enthält.

Die Frage, die wir bislang offengelassen haben, betrifft die Rolle der ersten Person Plural, also die bairische Entsprechung zu Verbformen wie *Wir gehen, Wir sind, Wir machen* etc. Diese bildet den Gegenstand des nächsten Kapitels.

KAPITEL VIII

SO SAMMA MIA VS. MIA SAN MIA

(BRUNO JONAS UND DER FC BAYERN)

Bruno Jonas sagt in seiner *Gebrauchsanweisung für das Jenseits* (2018), er sei bekannt dafür, »Selbstverständliches so unverständlich zu formulieren, dass der Leser ein Aha-Erlebnis hat und spontan ausruft: So hab ich das noch gar nicht gesehen!« Das vorliegende Kapitel (wie das Buch insgesamt) verfolgt einen ähnlichen Zweck. Es möchte dem Leser ein Aha-Erlebnis verschaffen, sodass er ebenfalls ausruft: »So hab ich das noch gar nicht gesehen.« Allerdings verfolgt es dieses Ziel mit anderen Mitteln. Es möchte das »Selbstverständliche«, nämlich das spezifische Regelwerk des Bairischen, so »verständlich« formulieren, dass dieses Aha-Erlebnis zustande kommt.

Der Einblick in komplizierte Sachverhalte, wie z. B. die Strukturen einer Sprache, fällt einem selten in den Schoß, andererseits wird der Erkenntnisgewinn groß sein, da dem an der Sprache Interessierten Geheimnisse anvertraut werden, über die er zwar verfügt, die er aber bislang noch nicht gelüftet hat. Wir werden also weiter versuchen, das Komplizierte verständlich zu machen, und uns damit abfinden, dass es damit nicht aufhört, kompliziert zu sein.

Wir haben in den vorangehenden Kapiteln gesehen, dass nebensatzeinleitende Elemente im Bairischen in der zweiten Person gebeugt (»flektiert«) werden, d. h. dass sie dieselbe Person- und Numerusendung aufweisen wie das Verb. Wir haben dieses Phänomen mit speziellen Eigenschaften der linken Satzklammer in Verbindung gebracht, also jener syntaktischen Position, die im Aussagesatz (deklarativen Hauptsatz) einer Verb-Zweit-Sprache vom Verb eingenommen wird. Da diese Position in Nebensätzen von einem nebensatzeinleitenden Element wie *dass* oder *ob* (einer ›Konjunktion‹) besetzt wird, haben wir die Vermutung geäußert, dass die Flexion solcher Elemente mit verbalen Eigenschaften dieser Position in Zusammenhang steht. Im vorliegenden Kapitel geht es um die erste Person Plural, wie sie in dem Programmtitel (2013) »So samma mia« von Bruno Jonas vorliegt (vgl. auch den Song von Haindling 1999: *Bayern des samma mia*):

(1) So sam-ma   mia.
     so sind-1.Pers.Pl. wir

Man mag einwenden, dass das Verb *samma* in (1) nicht die korrekte Verbform für die erste Person Plural darstellt, und dabei auf das Motto des FC Bayern verweisen, der stets betont (vgl. dazu auch Riehl-Heyse/Hanitzsch (hrsg.) 1996):

(2) Mia   san   mia.
     wir   sind   wir

Sowohl (1) als auch (2) stellen korrekt gebildete Sätze des Bairischen dar, sodass wir schließen müssen, dass es offenkundig für die erste Person Plural im Bairischen zwei unterschiedliche Endungen gibt. Merkle (1975: 127) stellt dazu in seiner *Bairischen Grammatik* fest, dass die Bruno-Jonas-Variante bevorzugt im ländlichen Raum verwendet wird. Es mag auch sein, dass diese Variante eher im niederbairischen Raum anzutreffen ist (vgl. Weiß 2005, Fuß 2014). Unbestritten ist aber, dass man dieser Variante durchaus auch im Oberbairischen begegnet. Für die folgenden Analysen ist diese Variation jedoch unerheblich. Entscheidend ist – und das zeigen die Beispiele

(1) und (2) –, dass es offenkundig für die erste Person Plural im Bairischen zwei unterschiedliche Endungen gibt.

Dieser Schluss wird bestätigt, wenn wir Satz (1) mit einem Nebensatz vergleichen, in dem ebenfalls ein Verb in der ersten Person Plural vorkommt:

(3)   a. Er   mecht, dass-ma   heit   ins Kino   geng**an**.
          er   möchte dass+1.Pers.Pl. heute   ins Kino   gehen (1.Pers.Pl.)

      b. *Er mecht, dass-ma   heit   ins Kino   gem**ma**.

Entsprechend drückt sich Karl Valentins Hausmeisterin aus, wenn sie in folgendem Satz mit dem Verb der ersten Person Plural dem Muster von (3a) folgt (*wartn*) und nicht dem von (3b) (*wartma*) (Karl Valentin, *Sämtliche Werke*, Bd. 1: 82):

(4)   »Tua fei Du wia a   Gütazug daherschleicha, schäbiger
      »tu   ja   du wie ein Güterzug daherschleichen, schäbiger

      Millibankert«, hab i   gsagt,
      Milchbankert«, habe ich   gesagt,

      »wost woaßt, dass ma   auf d'Milli   wart**n**«
      »wo-2.Sg. weißt   dass   wir   auf die Milch warten«

Wir machen die verblüffende Feststellung, dass am Verb des Nebensatzes in (3) nur die FC-Bayern-Variante der ersten Person Plural möglich ist (vgl. (3a)), nicht aber die im Hauptsatz zulässige Bruno-Jonas-Variante mit der Endung *-ma* (vgl. (3b)).[*]

Diese Feststellung ist umso erstaunlicher, als wir in Beispiel (3a) sehen, dass – wie wir es in Kapitel V für die zweite Person beobachtet

---

[*] Nach Kollmer (1987) ist in bestimmten Varianten des Niederbairischen die Endung *-ma* bei Hilfsverben wie *haben* und *tun* auch in satzfinaler Position möglich (vgl. auch Fuß 2004).

haben – auch die erste Person Plural als Endung an dem nebensatzeinleitenden Element *dass* erscheinen kann, allerdings nur in der in
(1) vorliegenden Bruno-Jonas-Variante, nicht aber in der in (2) illustrierten FC-Bayern-Variante:

(5) a. Da   Hans hot   gsogt, dass-**ma** ins Kino gengan.
        der Hans hat   gesagt dass-1.Pl. ins Kino gehen

     b. *Da   Hans hot   gsogt, dass-**an** ins Kino gengan.

Was in (3a) und (5a) mysteriös erscheint, ist die Tatsache, dass sowohl das nebensatzeinleitende Element *dass* als auch das Verb eine
Endung der ersten Person Plural aufweisen, dass diese Endungen
aber nicht gleich sind. Dabei zeigt das Verb *samma* (›wir sind‹) in Beispiel (1), dass *-ma* im Bairischen durchaus eine legitime Verb-Endung der ersten Person Plural ist.

Es sieht so aus, als sei die Bruno-Jonas-Variante (1) nur dann möglich, wenn sich das flektierte Element (Verb oder nebensatzeinleitendes Element) in der linken Satzklammer befindet, nicht aber, wenn
das Verb in der Endposition des Nebensatzes steht, wie hier noch einmal grafisch repräsentiert:

(6) | VORFELD | LSK | MITTELFELD | RSK | NACHFELD |
     |---------|-----|------------|-----|----------|
     | *Mia* | *sam-ma* | *mia* [Bruno Jonas] | | |
     | *Mia* | *san* | *mia* [FC Bayern] | | |
     | | *dass-ma* | *ins Kino* | | *gengan* |
     | | **dass-ma* | *ins Kino* | | *gem-ma* |
     | | **dass-an* | *ins Kino* | | *gengan* |

Halten wir also fest: Die Endung *-ma* ist im Bairischen eine zulässige
Endung der ersten Person Plural, die aber nur dann erscheinen kann,
wenn sich das flektierte Element in der linken Satzklammer befindet.
Ansonsten erscheint am Verb eine Endung der ersten Person Plural,

die mit der dritten Person Plural identisch ist, also eine Endung wie sie das Verb in (7) aufweist:

(7)   Sie gengan ins Kino.

Diese Beobachtungen werfen zwei Fragen auf. Zum einen stellt sich die Frage, woher es kommt, dass im Bairischen zwei unterschiedliche Endungen für die erste Person Plural existieren, die in Abhängigkeit von der syntaktischen Position des flektierten Elements realisiert werden. Die zweite Frage lautet, wieso auch am Verb in der linken Satzklammer jene Endung auftreten kann (FC-Bayern-Variante), die sonst nur am Verb in Endposition erscheint:

(8)   a. Mia san mia.
       b. Der FC Bayern sogt, dass-ma mia mia san.
       c. *Der FC Bayern sogt, dass-ma mia mia samma.

Beginnen wir mit der zweiten Frage. Es könnte sein, dass hier lediglich ein Lautproblem vorliegt. Man könnte darauf hinweisen, dass das *san* in (8a) eigentlich als *sam* ausgesprochen wird, da der letzte Laut von *san* an den ersten Laut von *mia* angeglichen wird. Man könnte dann weiter spekulieren, dass das *san* eigentlich ein *samma* ist, in dem das finale *a* weggefallen ist. Schließlich existiert ja auch der Bayern-Spruch in der Bruno-Jonas-Variante, wie in (9) zu sehen ist:

(9)   Mia samma mia.

Darüber hinaus bestätigt Gerhard Polt, dass die Bruno-Jonas-Variante möglicherweise die grammatisch geläufige Version ist:

(10) a. packma's,   gehma   naus
         packen-1.Pl-es gehen-1.Pl. hinaus
         (Polt 2007: 116)

    b. Ja, wo   samma   denn?
        ja   wo   sind-1.Pl. denn
        (Polt 2007: 76)

Gegen eine lautliche Erklärung der FC-Bayern-Variante spricht allerdings die Beobachtung, dass diese Variante auch dann vorliegen kann, wenn sie eindeutig nicht durch die Lautumgebung bedingt sein kann wie in (11):

(11)   Mia gengan ins Stadion.

Sollte die FC-Bayern-Variante also nicht durch lautliche Gesetzmäßigkeiten bedingt sein, dann könnte man auch argumentieren, dass die bairisch korrekte Version eigentlich durch (9) repräsentiert ist und dass die FC-Bayern-Variante eine entbajuwarisierte Version darstellt, also gewissermaßen »bairisch light«, damit Nicht-Bayern nicht mit der dialektal puristischen, aber grammatisch bei Weitem anspruchsvolleren grammatischen Form in (9) überfordert sind.

    Es könnte aber auch sein, dass es in der ersten Person Plural für Verben in der linken Satzklammer des Bairischen in der Tat zwei Optionen gibt. Allerdings wäre in diesem Fall die FC-Bayern-Variante nur noch von fantheoretischem Interesse. Wie wir bereits gesehen haben, kann die Verb-Endung der FC-Bayern-Variante nicht an einer nebensatzeinleitenden Konjunktion erscheinen. Man vergleiche (8b) mit (12):

(12)   *Der FC Bayern sogt, dass-an mia mia san.

Das grammatisch interessantere Phänomen besteht zweifellos in der Beobachtung, dass ein Element der ersten Person Plural in der linken Satzklammer eine andere Endung aufweist als in der satzfinalen Position. Man beachte, dass es nicht der Unterschied zwischen Haupt- und Nebensätzen ist, der für die Verteilung dieser Endungen relevant ist. Die Tatsache, dass auch in Nebensätzen mit Verb-Zweit-Stellung das Verb die Bruno-Jonas-Variante aufweist (vgl. (13b)), zeigt eindeutig, dass diese Variante an spezifische Eigenschaften der linken Satzklammer gekoppelt ist:

(13) a. Da   Hans   glabt,   dass-ma   heit   net   arbatn   miaß**n**.
          der   *Hans* *glaubt* *dass-1.Pl.* *heute* *nicht* *arbeiten* *müssen*

      b. Da   Hans   glabt,   heit   miaß-**ma**   net   arbatn.
          der   *Hans* *glaubt* *heute*   *müssen-1.Pl.*   *nicht* *arbeiten*

      c. *Da   Hans   glabt,   heit   miaß-**an**   net   arbatn.

Sollte die Vermutung korrekt sein, dass die FC-Bayern-Version der ersten Person Plural eine »bairisch-light«-Variante darstellt, dann können wir schließen, dass in Sätzen der ersten Person Plural Elemente der linken Satzklammer obligatorisch die Endung -*ma* aufweisen.

Zwei weitere Überlegungen zeigen, dass dieses -*ma* analog zu den in Kapitel V betrachteten Phänomenen der zweiten Person Singular und Plural zu analysieren ist, dass es also tatsächlich eine Verb-Endung und nicht etwa ein verkürztes Pronomen darstellt (obwohl sie historisch vielleicht auf ein solches zurückgeht, vgl. Weiß 2005).

Die erste Überlegung ist bereits durch die Bruno-Jonas-Variante illustriert: Die Endung -*ma* kann im Prinzip zusammen mit einem volltonigen Subjektpronomen vorkommen:

(14) Heit miaß-**ma** **mia** net arbatn.
     heute müssen-1.P. wir nicht arbeiten

Da ein Satz nicht zwei Subjekte enthalten kann, ist zu schließen, dass die Endung *-ma* kein verkürztes Subjektpronomen darstellt.

Die zweite Überlegung bezieht sich auf die Tatsache, dass ein Satz wie (14) auch dann grammatisch korrekt ist, wenn er kein volltoniges Subjektpronomen enthält:

(15) Heit miaß-ma net arbatn.
     heute müssen-1.P. nicht arbeiten

Wie wir das im vorangegangenen Kapitel bereits bei der zweiten Person Singular und Plural beobachten konnten, erlaubt es im Bairischen auch die erste Person Plural, dass das Subjekt weggelassen werden kann. Man beachte jedoch: Diese Möglichkeit existiert nur für die Bruno-Jonas-Variante der ersten Person Plural, nicht aber für die FC-Bayern-Variante. Man vergleiche Satz (16) mit dem ungrammatischen Beispiel (17b):

(16)   a. Heit gem-ma net hoam.
         heute gehen-1.Pl. nicht heim

      b. Da Hans glabt, dass ma heit net hoamgengan.
         der Hans glaubt, dass-1.Pl heute nicht heimgehen

17)   a. Heit gengan mia net hoam.
         heute gehen wir nicht heim

      b. *Heit gengan net hoam.

Die Tatsache, dass Elemente in der linken Satzklammer auch in der ersten Person Plural eine kongruierende Verb-Endung besitzen, bringt für das Bairische also auch in diesem Fall die grammatische Option der Subjektlosigkeit mit sich, die wir im letzten Kapitel schon für die zweite Person Singular und Plural beobachtet haben. Das Bairische weist also auch in dieser speziellen Situation eine Eigenschaft auf, die uns aus subjektlosen Sprachen wie Lateinisch oder Italienisch bekannt ist.

Das in diesem Kapitel betrachtete Phänomen, dass für ein und dieselbe grammatische Person je nach ihrer syntaktischen Position zwei unterschiedliche Endungen existieren, ist nicht etwa eine Laune des Bairischen. Wir haben es hier vielmehr mit allgemeineren und tiefer liegenden grammatischen Gesetzmäßigkeiten tun. Dies kann man erkennen, wenn man die Situation in anderen Sprachen betrachtet.

In dem ostniederländischen Dialekt Hellendoorn sowie in dem ebenfalls niederländischen Dialekt Brabantisch ist im Zusammenhang mit der ersten Person Plural ein Phänomen beobachtet worden, das dem rätselhaften Phänomen des Bairischen ähnlich zu sein scheint. Vergleichbare Phänomene finden sich auch im Altenglischen und im Althochdeutschen (Höhle 1997).

Im Ostniederländischen hat ein satzfinales Verb in der ersten Person Plural eine andere Endung als in der linken Satzklammer, und die Verb-Endung ist im letzteren Fall identisch mit der Endung satzeinleitender Elemente (Zwart 1993, Ackema/Neeleman 2004):

[Hellendoorn (Ostniederländisch)]

(18)	Waar	speul-**e**		wij?	
	wo	*spielen–1.Pers.Pl.*		*wir*	
(19)	datt-**e**			wij	speul-**t**
	dass–1.Pers.Pl.			*wir*	*spielen–1.Pers.Pl.*
(20)	*Waar	speul-**t**		wij?	
	wo	*spielen–1.Pers.Pl.*		*wir*	

Beispiel (19) zeigt, dass die Endung der ersten Person Plural an der Konjunktion *datt-e* (›dass‹) verschieden ist von der ebenfalls für die

erste Person Plural stehende Endung an dem in Endposition befindlichen Verb *speul-t*.

Die Beispiele (18) und (20) illustrieren, dass das Verb in der ersten
Person Plural die Endung der Konjunktion aufweisen muss, wenn es
sich in der linken Satzklammer befindet.

Damit zeigt sich auch ein interessanter Unterschied zu der Situation, die wir im Bairischen beobachtet haben. Die Entsprechung zu
dem Phänomen, das wir im Bairischen als die »FC-Bayern-Variante«
bezeichnet haben, ist, wie Beispiel (20) deutlich zeigt, im ostniederländischen Dialekt Hellendoorn nicht möglich. D. h., anders als im
Bairischen kann ein Verb, das sich in der linken Satzklammer befindet, hier nicht die Endung haben, die es in satzfinaler Position aufweist.

Die Unterschiede zwischen den Endungen von Elementen in der
linken Satzklammer (Verben und satzeinleitenden Elementen) auf
der einen Seite und den Endungen des Verbs in anderen Positionen
auf der anderen Seite, wie wir das im Bairischen und in holländischen Dialekten beobachten können, sind auf den ersten Blick ver-
wirrend und rätselhaft. Schaut man jedoch »hinter die Phänomene«,
so zeigen sich dem theoretischen Blick Gründe für diese Phänomene,
die diese in Zusammenhang setzen mit anderen grammatischen Eigenschaften dieser Dialekte.

Das theoretische Instrumentarium für diesen Blick kann hier natürlich nicht vermittelt werden, da es auf sprachwissenschaftliche
Strukturtheorien rekurriert, die abstrakt und kompliziert sind. Einen
Grundgedanken können wir aber dennoch auch mit unseren beschei-
denen strukturtheoretischen Mitteln verstehen.

Wir haben gesehen, dass die linke Satzklammer in sog. Verb-Zweit-
Sprachen verbale Eigenschaften hat, und das heißt, dass sie z. B. Eigenschaften und Merkmale von gebeugten (finiten) Verben besitzt,
wie z. B. die Eigenschaft der Person oder des Numerus. Offenkundig
kommen diese Eigenschaften in der Struktur dieser Sätze zweimal

vor, nämlich einmal in der linken Satzklammer und zum anderen in den Positionen, die das Verb sonst einnimmt, im Bairischen und Standarddeutschen also in der verbfinalen Position.

Wie sich an der zweiten Person Singular und Plural des Bairischen gezeigt hat (vgl. Kapitel V), stimmen die Endungen der Elemente in der linken Satzklammer und die Endungen der Verben in satzfinaler Position in der Regel überein. Man kann sich jedoch gut vorstellen, dass diese beiden positional bedingten Endungen sprachhistorisch auf unterschiedliche Wurzeln zurückgehen, sodass die identischen verbalen Merkmale (wie z. B. Person und Numerus im Fall der ersten Person Plural) in den beiden Positionen (linke Satzklammer versus satzfinale Position) auf unterschiedliche Weise »ausbuchstabiert« werden.

Eine derartige Überlegung würde uns einen Hinweis liefern, wo man eine Erklärung dafür suchen könnte, dass die Flexionsverhältnisse bei der ersten Person Plural im Vergleich zur zweiten Person diese verblüffenden Unterschiede aufweisen.

Bruno Jonas und der FC Bayern haben hier also unwissentlich und unbeabsichtigt faszinierende und rätselhafte Erscheinungen der bairischen Grammatik sichtbar gemacht, wofür ihnen ein Pokal verliehen werden kann, den sie mit Sicherheit noch nicht in ihrer Sammlung haben.

KAPITEL IX

DEN WENN I DAWISCH, DASCHLOG I

(FRANS PLANK UND DER BAYERISCHE RUNDFUNK)

Auf der 5. Jahrestagung der Deutschen Gesellschaft für Sprachwissenschaft, die im März 1983 in Passau stattgefunden hat, gab es einen Workshop zum Bairischen, in dem es u. a. um die Analyse bairischer Sätze ging, die eine vom Standarddeutschen abweichende eigene Grammatik aufweisen. Aufgrund der medialen Aufmerksamkeit, die dieses Thema in der Region erfuhr, wurde der Organisator der Arbeitsgruppe, Prof. Frans Plank, von einer Vertreterin des Bayerischen Rundfunks interviewt und um eine Erläuterung solcher syntaktischer Besonderheiten des Bairischen gebeten. Frans Plank wies u. a. auf drastische Sätze hin wie:

(1) An Sepp wenn i   dawisch, daschlog i.
     den Sepp wenn ich erwische erschlage ich

Diese ungewöhnliche Konstruktion erscheint auch in der Liste eines »grammatischen Raritätenkabinetts«, das Frans Plank zusammengestellt hat als »a leisurely collection to entertain and instruct«. Als die Vertreterin des Bayerischen Rundfunks Frans Plank am Ende des Interviews fragte, was er machen würde, wenn ein Bayer so einen Satz nicht als bairischen Satz akzeptieren würde, da antwortete Frans Plank schlagfertig:

(2) Den wenn i dawisch, daschlog i.
    den wenn ich erwische erschlage ich

Dieser Satz hat seither zahlreiche theoretische Analysen erfahren, die unterstreichen, dass wir es hier tatsächlich mit einer grammatischen Besonderheit zu tun haben, die das Bairische zu einem so einzigartigen Dialekt macht. Diese Analysen erklären auch, inwiefern diese Besonderheit so außergewöhnlich ist, dass sie sogar in ein grammatisches Raritätenkabinett aufgenommen wurde, das exzeptionelle Eigenschaften von Sprachen aus aller Welt auflistet.

Bevor wir die skandalöse grammatische Eigenschaft von Beispiel (2) genauer unter die grammatische Lupe nehmen, wollen wir ähnliche, aber grammatisch einfachere Beispiele betrachten wie z. B. die folgenden:

(3) a. De Mass wenn i no drink, bin i bsuffa.
        die Mass wenn ich noch trinke bin ich betrunken

     b. An Pfarrer statt dass i bsuach, geh i liaba auf a Bia.
        den Pfarrer statt dass ich besuche gehe ich lieber ein Bier trinken

     c. De Polizei bis dass kummt, san olle scho weg.
        die Polizei bis dass kommt sind alle schon weg

     d. Da neie Trainer seit do is, lafft ois besser.
        der neue Trainer seit da ist läuft alles besser

Was ist Besonderes an diesen Sätzen? Offenkundig bestehen sie aus zwei Sätzen, einem Hauptsatz und einem Nebensatz. Fragen wir uns zunächst einmal, was jeweils die Hauptsätze sind. Hier sind sie für (3a–d) aufgelistet:

(4)   a. I **bin** bsuffa.

        b. I **geh** liaba auf a Bia.

        c. Olle **san** scho weg.

        d. Ois **lafft** besser.

Die finiten Verben in diesen Hauptsätzen sind fett markiert, und wir können in einem ersten Analyseschritt sogar schon angeben, in welcher syntaktischen Position sich diese Verben befinden: Sie stehen in der linken Satzklammer. Das Subjekt des jeweiligen Satzes muss sich dann also im Vorfeld befinden.

Nun bestehen die Sätze in (3) aber nicht nur aus Hauptsätzen, sondern sie sind durch einen weiteren Satz modifiziert, der die Funktion eines Adverbs besitzt: So gibt der *wenn*-Satz in (3a) eine Bedingung an:

(5)   wenn   i   de   Mass   no   drink.
        wenn ich   diese   Mass   noch trinke

Der *bis dass*-Satz in (3c) repräsentiert demgegenüber eine Zeitangabe:

(6)   bis   dass   de   Polizei   kummt.
        bis   dass   die   Polizei   kommt

Wir können also eine vereinfachte Version der Sätze in (3) erhalten, wenn wir sie wie folgt umformulieren:

(7)   a. I bin bsuffa, wenn i de Mass no drink.

        b. I geh liaba auf a Bia, statt dass i an Pfarrer bsuach.

        c. Olle san scho weg, bis dass de Polizei kummt.

        d. Ois lafft besser, seit da neie Trainer do is.

Nun können wir schon ein bisschen klarer sehen, was mit den Sätzen in (3) passiert ist. Eine erste auffallende Veränderung besteht darin, dass in den Sätzen (3a–d) nicht das Subjekt die Vorfeldposition des Hauptsatzes einnimmt, sondern der Adverbialsatz. Das Resultat dieser Veränderung sieht dann wie folgt aus. Zur Veranschaulichung ist das Verb in der linken Satzklammer des Hauptsatzes fett gedruckt, und der Adverbialsatz im Vorfeld steht in eckigen Klammern.

(8)   a. [Wenn i de Mass no drink] **bin** i bsuffa.

          b. [Statt dass i an Pfarrer bsuach] **geh** i liaba auf a Bia.

          c. [Bis dass de Polizei kummt] **san** olle scho weg.

          d. [Seit da neie Trainer do is] **lafft** ois besser.

Jetzt fehlt uns nur noch ein Schritt, um aus den Sätzen in (8) die Sätze in (3) herzustellen. Offenkundig sind die Sätze in (3) dadurch entstanden, dass ein Element des vorangestellten Adverbialsatzes, nämlich das Objekt in (8a) und (8b) [Testfrage: wen oder was] und das Subjekt in (8c) und (8d) [Testfrage: wer oder was], *vor den Adverbialsatz* gestellt worden ist, also eine Position vor dem Element einnimmt, das den Adverbialsatz einleitet (z. B. *wenn* in (8a) oder *seit* in (8d)).

Damit können wir die Sätze in (3) wie folgt strukturieren, wobei wir die Ausgangsposition des vorangestellten Elements durch einen Unterstrich markieren:

(9)   a. De Mass [wenn i __ no drink] **bin** i bsuffa.

          b. An Pfarrer [statt dass i __ bsuach] **geh** i liaba auf a Bia.

          c. De Polizei [bis dass __ kummt] **san** olle scho weg.

          d. Da neie Trainer [seit __ do is] **lafft** ois besser.

Die intellektuelle Anstrengung dieser analytischen Überlegungen steht in keinem Verhältnis zu der Leichtigkeit und Mühelosigkeit, mit der der Bayer diese Sätze über die Lippen bringt.

Es ist daher auch nicht verwunderlich, dass Klassiker der bairischen Mundart, wie z. B. Karl Valentin, auch extensiven Gebrauch von dieser Konstruktion gemacht haben. Hier ein paar Beispiele:

(10) Der Peter wenn kemma is da wards ja ganz glückselig.
      der Peter wenn gekommen ist da wart-ihr ja ganz glückselig
      (Karl Valentin, *Beim Rechtsanwalt*, Sämtliche Werke, Bd. 5: 228)

(11) Dawischen wenn i dich tua, dann kannst was derleben.
      erwischen wenn ich dich tue dann kannst was erleben
      (Karl Valentin, *In der Schreinerwerkstätte*, Sämtliche Werke, Bd. 8: 115)

(12) seh'n wenn s' mich tun, ist es schon gefehlt
      sehen wenn sie mich tun ist es schon gefehlt
      (Karl Valentin, *Der schneidige Landgendarm*, Sämtliche Werke, Bd. 1: 27)

Es scheint sich hier in der Tat um eine intellektuell besonders begnadete Spezies zu handeln. In diesem Punkt ist daher Karl Valentin energisch zu widersprechen, wenn er – unter Verwendung der in (9) illustrierten Konstruktion – sagt:

(13) Blos 's Mai wenn ma aufmache, dann san ma verlorn, dann
      bloß den Mund wenn wir aufmachen dann sind wir verloren dann

      hauts uns naus aus der Rolln, zwega der Haidhauser
      haut-es uns hinaus aus der Rolle wegen der Haidhauser

      Grammatik.
      Grammatik
      (Karl Valentin, Kreszenz *Hiagelwimpft*, Sämtliche Werke, Bd. 1: 109)

Der Schluss über die kognitiven Kapazitäten des bairischen Dialektsprechers drängt sich insbesondere auf, wenn wir gleich sehen werden, dass der Bayer zu noch viel Komplizierterem in der Lage ist. Aber bevor wir dazu kommen, noch ein paar Beobachtungen zu den Sätzen in (9).

Wir haben in Kapitel III gesehen, dass in einer Verb-Zweit-Sprache nicht nur ein Subjekt die Vorfeldposition besetzen kann, sondern auch ein Objekt, ein Nebensatz oder andere Elemente des Hauptsatzes. In (7) befindet sich z. B. nicht der Adverbialsatz im Vorfeld, sondern das Subjekt des Hauptsatzes. Interessant ist nun die Beobachtung, dass die in (9) illustrierte Voranstellung eines Elements **aus** dem Adverbialsatz in eine Position **vor** dem Adverbialsatz (also vor dem satzeinleitenden Element des Adverbialsatzes) dann nicht möglich ist, wenn der Adverbialsatz **nicht im Vorfeld** steht, wenn er also z. B. eine Position einnimmt wie in den Beispielen in (7). Dies illustriert die Ungrammatikalität der Beispiele in (14), denen wir zum Vergleich noch einmal die Sätze in (7) gegenüberstellen (hier wiederholt als (15)):

(14)   a.   *I   bin   bsuffa,   de   Mass   [wenn   i   ___   no   drink].
             ich   *bin*   *betrunken*   *die*   *Mass*   *wenn*   *ich*   *noch*   *trinke*

       b.   *I   geh   liaba   auf   a   Bia,   an   Pfarrer   [statt dass   i
             ich gehe lieber ein Bier trinken   den   Pfarrer   statt   dass   ich

             ___   bsuach].
             besuche

       c.   *Olle   san   scho   weg,   de   Polizei   [bis   dass   ___   kummt].
             alle   *sind*   *schon*   *weg*   *die*   *Polizei*   *bis*   *dass*   *kommt*

       d.   *Ois   lafft   besser,   da   neie   Trainer   [seit   ___   do   is].
             alles   *läuft*   *besser*   *der*   *neue*   *Trainer*   *seit*   *da*   *ist*

(15)   a.   I bin bsuffa, wenn i de Mass no drink.

       b.   I geh liaba auf a Bia, statt dass i an Pfarrer bsuach.

       c.   Olle san scho weg, bis dass de Polizei kummt.

       d.   Ois lafft besser, seit da neie Trainer do is.

Man kann sich nun noch die Frage stellen, ob das Element, das in (9) aus dem Adverbialsatz heraus in eine Position vor dem Adverbialsatz gestellt wurde, sich immer noch **innerhalb** des Adverbialsatzes befindet, oder ob es in eine Position **außerhalb** des Adverbialsatzes verschoben wurde. Wenn wir noch einmal die Sätze in (9) betrachten, so könnte man sich also etwa in Bezug auf (9a) fragen, ob das vor dem Adverbialsatz stehende Element *de Mass* eine Position **des Adverbialsatzes** einnimmt, die sich vor dem satzeinleitenden *wenn* befindet, oder ob es in eine Position **außerhalb** des Adverbialsatzes verschoben wurde, die sich im (übergeordneten) Hauptsatz befindet.

Da der Adverbialsatz selbst im Vorfeld des Hauptsatzes steht, müsste das also im letzteren Fall eine Position des Hauptsatzes sein, die vor seinem Vorfeld angesiedelt ist. Nun haben wir in Kapitel III gesehen, dass im Vorfeld immer nur ein (möglicherweise komplexes) Element, also eine syntaktische Einheit, stehen kann. Wir müssten also unser syntaktisches Strukturmodell ändern, um diesen (theoretisch möglichen) Fall erfassen zu können.

Auf der anderen Seite wissen wir aber auch, dass das satzeinleitende *wenn* die linke Satzklammer des Adverbialsatzes einnimmt. Damit könnte das verschobene Element *die Mass* also im Vorfeld des Adverbialsatzes (und damit innerhalb des Adverbialsatzes) stehen. Diesen Fall können wir also mit unserem Strukturmodell repräsentieren, ohne irgendwelche theoretischen Änderungen vornehmen zu müssen.

Ungeachtet der Tatsache, dass sich noch weitere Argumente für diese Analyse finden lassen, wollen wir diese Konsequenz als hinreichenden Grund dafür ansehen, den ersteren Analysevorschlag für zutreffend zu halten, dem zufolge das dem Adverbialsatz vorangestellte Element sich **innerhalb** des Adverbialsatzes befindet.

In unserem Strukturmodell wäre der Satz (9a) damit wie folgt zu analysieren, wobei der Hauptsatz durch eckige und der Nebensatz durch geschweifte Klammern strukturiert wird:

(16) [[$_{VF}$ {{$_{VF}$ De Mass} {$_{LSK}$ wenn} i ___ no drink}]   [$_{LSK}$ **bin**] i bsuffa].

Zur detaillierten Erläuterung hier noch mal die einzelnen Schritte:

(i)   Der gesamte Adverbialsatz (umrahmt von den äußeren ge-
        schweiften Klammern) steht im Vorfeld (VF) des Hauptsatzes,
        das wiederum von eckigen Klammern eingefasst ist (wie der
        gesamte Hauptsatz selbst).

(ii)   Das finite Hauptverb *bin* steht in der linken Satzklammer
        (LSK) des Hauptsatzes, umrahmt von eckigen Klammern.

(iii)   In dem von geschweiften Klammern eingefassten Adverbial-
        satz, bildet *De Mass* das durch geschweifte Klammern mar-
        kierte Vorfeld, während das nebensatzeinleitende *wenn* die
        Position der linken Satzklammer (LSK) des Nebensatzes ein-
        nimmt.

Bei all dem handelt es sich für den Bayern um strukturelle Trivialitä-
ten. Daher belässt er es auch nicht dabei. Offenkundig liebt er den Exzess, und daher treibt er sein grammatisches Varieté so weit, bis er
den grammatischen Skandal produziert hat, und dieser steht im Titel
dieses Kapitels, hier noch einmal zusammen mit ähnlichen grammatischen Skandalsätzen wiedergegeben:

(17)   a. Den   wenn   i   dawisch,   daschlog i.
           den wenn ich erwische erschlage ich

        b. An   Pfarrer statt dass   i   bsuach, los   i   d'Arbeit liaba
           den Pfarrer statt dass ich besuche lasse ich die-Arbeit lieber

           selber   macha.
           selbst   machen

        c. De Susi wenn   i   griagn   kannt, dad   i   heiratn.
           die Susi wenn ich kriegen könnte würde ich heiraten

        d. Da Sepp wenn hoamkimmt, konn   was dalebn.
           der Sepp wenn heimkommt   kann   was erleben

Was ist das Skandalöse an diesen Sätzen? Selbstverständlich bezieht
sich diese Frage nicht auf ihren Inhalt, sondern auf ihre grammati-

schen Eigenschaften. Auf den ersten Blick scheinen sie den Sätzen in (9) ganz ähnlich zu sein. Der Unterschied wird deutlich, wenn wir die Sätze in (17) so umformulieren, dass sie analoge strukturelle Eigenschaften besitzen wie die Sätze in (9):

(18)   a. Den   wenn i   dawisch, trink   i   a   Mass.
          den   wenn ich erwische trinke ich eine Mass

       b. An Pfarrer statt dass i   bsuach, bsuach i   liaba an Hans.
          den Pfarrer statt dass ich besuche besuche ich lieber den Hans

       c. De Susi wenn i   griagn kannt, dad   i   de Marie verlassen.
          die Susi wenn ich kriegen könnte würde ich die Maria verlassen

       d. Da Sepp wenn hoamkimmt, konn da   Bua   was   dalebn.
          der Sepp wenn heimkommt kann der Junge was   erleben

Sieht man genau hin, entdeckt man einen gravierenden Unterschied zwischen den Sätzen (17) und (18). Dieser Unterschied hat mit einer Unvollständigkeit der Sätze in (17) zu tun, die normalerweise einen grammatischen Verstoß darstellt und zur Ungrammatikalität führt.

Um zu erkennen, worin diese »Unvollständigkeit« besteht, betrachte man die Verben in den Neben- und Hauptsätzen. Zunächst zu den Nebensätzen. In (17a) z. B. ist das Verb *dawischen* im *wenn*-Satz ein Verb, das ein Akkusativobjekt als Ergänzung verlangt (also ein »transitives Verb«). Dieses Akkusativobjekt ist auch vorhanden. Es ist repräsentiert durch das dem *wenn*-Satz vorangestellte Pronomen *den*.

Auch in den Nebensätzen von (17b) und (17c) liegen transitive Verben vor (Testfrage: wen oder was besuchen bzw. kriegen), und auch hier ist das erforderliche Akkusativobjekt vor das einleitende Element des vorangestellten Nebensatzes verschoben. So weit ist also alles in Ordnung, wie nicht zuletzt die Sätze in (9) und (18) zeigen.

Betrachten wir nun die Verben in den Hauptsätzen von (17) und (18). Auch hier haben wir es in (17a) (*erschlagen*) wie in (18a) (*trin-*

ken) mit einem transitiven Verb zu tun, das ein Akkusativobjekt verlangt (wen oder was erschlagen bzw. was trinken). Im Gegensatz zum Hauptsatz von (18a), wo für das transitive Verb *trinken* das Objekt *a Mass* zur Verfügung steht, ist aber im Hauptsatz von (17a) für das transitive Verb *daschlogn* kein Objekt vorhanden. Die Abwesenheit eines solchen Objekts macht einen Satz mit einem transitiven Verb aber normalerweise ungrammatisch, vgl.

(19) *I daschlog.

Denselben Kontrast beobachten wir zwischen den Sätzen (17b) und (17c) auf der einen Seite und den Sätzen (18b) und (18c) auf der anderen Seite. Während die transitiven Verben *besuchen* im Hauptsatz von (18b) und *verlassen* in (18c) jeweils ein Objekt vorfinden (nämlich *den Hans* in (18b) und *die Maria* in (18c), ist für die transitiven Verben *die Arbeit machen lassen* im Hauptsatz von (17b) und *heiraten* im Hauptsatz von (17c) kein Objekt vorhanden (obwohl wir genau verstehen, was jeweils das Objekt ist). Auch hier sollte also ein Objekt angegeben werden: Wen ich die Arbeit lieber selber machen lasse bzw. wen ich heiraten würde.

Analog verhält es sich in (17d). Der Unterschied ist lediglich, dass hier im Nebensatz ein Subjekt, nämlich *Da Sepp*, vor das satzeinleitende *wenn* gestellt wurde. Der Hauptsatz mit dem Verb *konn was dalebn* sollte aber ebenfalls ein Subjekt haben. Während ein solches in (18d) auch tatsächlich vorhanden ist, nämlich *da Bua* (›der Junge‹), fehlt das Subjekt im Hauptsatz von (17d). Daher sollte dieser Satz ebenfalls ungrammatisch sein, wie (20) zeigt:

(20) *konn was dalebn.

Hier müsste also angegeben werden: Ja wer denn?

Nun ist jedem bairischen Sprecher klar, dass wir die Sätze (17a–c) so verstehen, dass das vor den Nebensatz verschobene Objekt des Nebensatzes auch als Objekt des Verbs im Hauptsatz fungiert, und dass wir (17d) so verstehen, dass das vor den Nebensatz verschobene Subjekt des Nebensatzes auch das Subjekt des Verbs im Hauptsatz ist, d. h. wir verstehen die Sätze (17a–d) so wie die Sätze (21a–d):

(21)   a. Wenn ich den erwische, erschlage ich ihn.
       b. Statt dass ich den Pfarrer besuche, lasse ich die Arbeit lieber selber machen.
       c. Wenn ich die Susi kriegen könnte, würde ich sie heiraten.
       d. Wenn der Sepp heimkommt, kann er was erleben.

Dass das Objekt eines Nebensatzes aber gleichzeitig auch das Objekt des Hauptsatzes ist, ist jedoch eine grammatische Unmöglichkeit. Wie soll das Objekt eines Nebensatzes auch noch Objekt des Hauptsatzes sein? Dass dies prinzipiell unmöglich ist, zeigt die Ungrammatikalität von Sätzen wie (22):

(22)   *Der Trainer schaut an, wenn er den Spieler kritisiert.

Dieser Satz kann niemals bedeuten, dass der Trainer den Spieler anschaut, wenn er ihn kritisiert. Das Objekt von *kritisieren* kann also nicht auch als Objekt von *anschauen* fungieren. D. h. das Objekt im Nebensatz kann nicht auch das Objekt des Hauptsatzes sein.

Ähnlich ist die Situation in den Skandalsätzen in (17). Wir haben ja gesehen, dass das vor den Nebensatz verschobene Objekt bzw. Subjekt im Vorfeld des Nebensatzes steht und damit im Nebensatz verbleibt. Wie kann es daher auch Objekt bzw. Subjekt des Hauptsatzes sein?

Dass dieses vor dem Nebensatz stehende Objekt bzw. Subjekt in der Tat **nicht im Hauptsatz** stehen kann, sieht man auch an der folgenden interessanten Beobachtung: Man kann das »mitverstandene«, aber nicht sichtbare Objekt bzw. Subjekt des Hauptsatzes als ein Pronomen realisieren wie etwa in (23):

(23) Den wenn i   dawisch, daschlog i'**n**.
      den wenn ich erwische erschlage ich-ihn

(23) zeigt klar, dass das *Den* nicht im Hauptsatz stehen kann, denn dann würde das Verb *erschlagen* ja zwei Objekte haben, und dieser Hauptsatz hätte die ungrammatische Form in (24):

(24) *Den daschlog i'n.

Umgekehrt können wir prognostizieren: Wenn das vorangestellte Objekt/Subjekt des Nebensatzes sich noch innerhalb des Nebensatzes befindet, dann sollte die Ausgangsposition dieses Objekts/Subjekts NICHT durch ein Pronomen realisiert werden können. Denn dann läge eine zu (24) analoge Situation im Nebensatz vor. In der Tat ist diese Prognose korrekt, wie die Ungrammatikalität von (25) zeigt:

(25) *Den wenn i'**n**   dawisch, daschlog i.
      den wenn ich-ihn erwische erschlage ich

Wir haben hier also ein zusätzliches gutes Argument für die oben gemachte Annahme, dass das an die Spitze des Adverbialsatzes verschobene Objekt/Subjekt des Adverbialsatzes sich immer noch in Letzterem befindet und nicht etwa im Hauptsatz.

An den ungrammatischen Sätzen in (14) haben wir gesehen, dass die Verschiebung eines Objekts bzw. Subjekts vor das einleitende Element eines Nebensatzes nur dann möglich ist, wenn der Nebensatz selbst vorangestellt ist (sich also im Vorfeld des Hauptsatzes befindet). Wie nicht anders zu erwarten, kann die in (17) zu beobachtende unerklärliche Doppelfunktion des (ins Vorfeld des Nebensatzes) verschobenen Objekts bzw. Subjekts dann nicht funktionieren, wenn der Nebensatz selbst nicht auch vorangestellt ist:

(26) a. *I   daschlog, den wenn i   dawisch.
ich erschlage den wenn ich erwische

        b. *I   loss d'Arbait liaba selber macha, an Pfarrer statt dass
ich lasse die-Arbeit lieber selbst machen den Pfarrer statt dass

            i   bsuach.
ich besuche

        c. *I   dad   heiratn, de Susi wenn i   griagn   kannt.
ich würde heiraten die Susi wenn ich kriegen könnte

        d. *Konn was dalebn, da   Sepp   wenn hoamkimmt.
kann was erleben der Sepp wenn heimkommt

Aber auch dann, wenn der Nebensatz vorangestellt ist, ist diese Doppelfunktion des Nebensatzobjekts bzw. -subjekts nur möglich, wenn dieses Objekt bzw. Subjekt selbst im Nebensatz vorangestellt ist. Diese notwendige Bedingung zeigt sich an der Ungrammatikalität der Sätze in (27) (in der relevanten Lesart mit Doppelfunktion des Nebensatzobjekts bzw. -subjekts):

(27) a. *Wenn i   den dawisch, daschlog i.
wenn ich den erwische erschlage ich

        b. *Statt dass i   an Pfarrer bsuach, loss i   d'Arbait liaba
statt dass ich den Pfarrer besuche lasse ich die-Arbeit lieber

            selber macha.
selbst machen

        c. *Wenn i   de Susi griagn kannt, dad   i   heiratn.
wenn ich die Susi kriegen könnte würde ich heiraten

        d. *Wenn da Sepp hoamkimmt, konn was dalebn
wenn der Sepp heimkommt kann was erleben

Die Beispiele in (27) zeigen also, dass die Voranstellung eines Nebensatzelements (Objekt oder Subjekt) vor den Nebensatz eine notwendige Bedingung dafür ist, dass dieses Element auch als ein Element des Hauptsatzes (Objekt oder Subjekt) verstanden werden kann.

Darüber hinaus ist, wie die Beispiele in (26) zeigen, die Voranstellung des Nebensatzes eine notwendige Bedingung für die Voranstellung eines solchen Nebensatzelements. Ist Letztere aus unabhängigen Gründen nicht möglich, weil der Nebensatz nicht vorangestellt ist, dann kann also auch der von den Sätzen in (17) repräsentierte grammatische Skandal nicht eintreten.

Wenn der Nebensatz nicht im Vorfeld des Hauptsatzes steht, dann muss sein Objekt bzw. Subjekt im Nebensatz verbleiben. Es ist klar, dass auch dann die skandalöse Doppelfunktion als Objekt bzw. Subjekt des Nebensatzes und des Hauptsatzes nicht möglich ist. D. h. das Objekt bzw. Subjekt des Nebensatzes kann nicht auch als Objekt bzw. Subjekt des Hauptsatzes verstanden werden, wie die Ungrammatikalität der Sätze in (28) (in der entsprechenden Lesart) zeigt:

(28) a. *I   daschlog, wenn   i   den   dawisch.
          ich erschlage wenn   ich den   erwische

      b. *I   loss d'Arbat   liaba selber macha, statt dass i   an
          ich lasse die-Arbeit lieber selbst machen statt dass ich den

          Pfarrer bsuach.
          Pfarrer besuche

      c. *I   dad   heiratn, wenn i   de Susi griagn kannt.
          ich würde heiraten wenn ich die Susi kriegen könnte

      d. *Konn was dalebn, wenn da   Sepp hoamkimmt.
          kann was erleben wenn der Sepp heimkommt

Der Bayer ist jetzt zufrieden. Er hat seinen Skandal. Offenkundig macht er ihm nicht die geringsten Schwierigkeiten. Das ist umso bemerkenswerter, als die Erklärung für die grammatische Zulässigkeit der Sätze in (17) extrem kompliziert ist und schwierige theoretische Annahmen erfordert (vgl. Grewendorf 2015). Davon wollen wir uns hier aber nicht weiter quälen lassen. Geben wir uns mit der Einsicht zufrieden, dass der Bayer geniale grammatische Konstruktionen be-herrscht, die wir ihm so nicht zugetraut hätten.

KAPITEL X

I GEH MI GUAT IN DENE SCHUAH

(ANTHONY QUINN UND BENEDIKT XVI.)

Man darf annehmen, dass Kardinal Joseph Ratzinger den Film »In den Schuhen des Fischers« mit Anthony Quinn in der Hauptrolle gesehen hat. Es ist daher nicht unwahrscheinlich, dass die Erinnerung an diesen Film maßgeblich die folgende Anekdote motiviert hat, die zwar keine Tatsache darstellt, aber dennoch illustrieren kann, dass auch hohe kirchliche Würdenträger nicht frei von irdischer Eitelkeit sind. Als nämlich besagter Kardinal im April des Jahres 2005 zum Papst gewählt wurde und somit in die (roten) Schuhe des Fischers trat, soll er den Titelsatz dieses Abschnitts geäußert haben. Wenn diese Geschichte auch nicht historisch verbürgt ist, so hätte sie angesichts der innigen Verbundenheit dieses Papstes mit bairischem Boden und seiner herausragenden Beherrschung des bairischen Dialekts durchaus so geschehen können. Was will ein Bayer mit diesem Satz sagen?

Er gibt damit in der Regel zu verstehen, dass seine Schuhe bequem sind, dass sie nicht drücken und daher einen gewissen Komfort mit sich bringen. Kurz: dass er sich in diesen Schuhen wohlfühlt. Wie aber ist es möglich, dass man sich in seinen Schuhen geht? Die Beziehung zwischen dem Pronomen *mich* und dem Subjekt *ich* in einem Satz wie (1) ist auf jeden Fall nicht analog zu der Beziehung zwischen dem Pronomen *mich* und dem Subjekt *ich* in einem Satz wie (2) zu verstehen:

(1) I   geh   mi   guat in   dene   Schuah.
ich gehe mich gut   in   diesen Schuhen

(2) Ich bewundere mich sehr in diesen Schuhen.

Während uns der Vorgang, sich zu bewundern, geläufig ist, hat man
Schwierigkeiten bei der Vorstellung, dass man sich gehen kann. Das
Einzige, was einem hier in den Sinn kommt, ist, dass man sich gehen
lassen kann. Offenkundig ist der Bezug zwischen dem Pronomen
mich bzw. *sich* und seinem vorangehenden Subjekt *Ich* bzw. *Er* in Sätzen wie (3) von anderer Art als in Sätzen wie (4):

(3)   a. Ich bewundere mich sehr in diesen Schuhen.
       b. Er bewundert sich sehr in diesen Schuhen.

(4)   a. I geh mi guat in dene Schuah.
       b. Er geht si guat in dene Schuah.

Wenn sich ein Pronomen auf das vorangehende Subjekt »rückbezieht«, d.h. sich auf dieselbe Person oder Entität bezieht wie dieses
Subjekt, dann spricht man von einem *reflexiven* Pronomen. Ein we-
sentlicher Unterschied zwischen dem reflexiven Bezug in Sätzen wie
(3) und dem reflexiven Bezug in den bairischen Sätzen in (4) zeigt
sich darin, dass man das (direkte) Objekt, für das das reflexive Pronomen steht, in Sätzen wie (3), nicht aber in Sätzen wie (4), durch ein
Objekt ersetzen kann, das sich nicht auf das Subjekt rückbezieht.
Man vergleiche die möglichen Sätze in (5) mit den ungrammatischen
Sätzen in (6).

(5)   a. Ich bewundere den Joseph sehr in diesen Schuhen.
       b. Er bewundert den Joseph sehr in diesen Schuhen.

(6)   a. *I geh den Joseph guat in dene Schuah.

        b. *Er geht den Joseph guat in dene Schuah.

Offenkundig steht das reflexive Pronomen in den bairischen Sätzen
(4a) und (4b) nicht in derselben Weise für ein direktes Objekt wie das
reflexive Pronomen in den Sätzen (3a) und (3b).

Dies ist auch nicht weiter verwunderlich. Ein direktes Objekt zu haben, ist ein typisches Merkmal von Verben wie *bewundern, waschen,
küssen, loben* etc. Wie wir wissen, nennt man solche Verben *transitive Verben*. Ein Verb wie *gehen* gehört selbstverständlich nicht zur
Klasse der transitiven Verben. Man kann nicht etwas oder jemanden
gehen. Welche Rolle spielt dann das reflexive Pronomen in den bairischen Sätzen (4a) und (4b), wenn es dort kein direktes Objekt vertritt?

Der Bezug zwischen diesem Pronomen und dem Subjekt erinnert
an einen analogen Bezug in Sätzen wie (7):

(7)   Das Buch liest sich gut.

So wie die Sätze in (4) nicht bedeuten, dass das Subjekt sich geht, so
bedeutet auch ein Satz wie (7) nicht, dass das Subjekt *Das Buch* sich
liest. Selbstverständlich ist *lesen* ein transitives Verb, kann also ein
direktes Objekt haben wie in (8):

(8)   Josef liest das Buch.

Allerdings können Bücher nicht lesen, sodass ein Ausdruck wie *Das
Buch* also nicht als Subjekt des transitiven Verbs *lesen* verstanden
werden kann. Dennoch fungiert *Das Buch* in (7) grammatisch als
Subjekt des Verbs *lesen*, wie man an seinem Nominativ sieht. Wie ist
dieses Paradox aufzulösen?

Erinnern wir uns an einen anderen Fall, in dem der Ausdruck *Das Buch* ebenfalls als Subjekt des Verbs *lesen* vorkommen kann, ohne dass der entsprechende Satz so zu verstehen ist, dass das Buch die Tätigkeit des Lesens ausübt. Dieser Fall liegt vor in einem Passivsatz wie (9):

(9)   Das Buch wurde gelesen.

In einem Aktivsatz wie (8) ist das Buch ein Objekt, und mit diesem Objekt geschieht etwas, weil das Subjekt etwas damit macht. In den Sätzen (7) und (9) geschieht ebenfalls etwas mit dem Buch, ohne dass ein aktives Subjekt etwas mit dem Buch macht, denn das Buch ist hier selbst das Subjekt. In diesem Sinne hat ein Satz wie (7) also etwas mit dem Passivsatz (9) gemeinsam. Allerdings gibt es auch einen wichtigen Unterschied zwischen einem Satz wie (7) und einem Passivsatz wie (9). In Letzterem kann das Subjekt des Aktivs in einem Ausdruck mit der Präposition *von* wieder aufgenommen werden:

(10)   Das Buch wurde von Josef gelesen.

Dies ist mit Sätzen wie (7) nicht möglich, wie das ungrammatische Beispiel (11) zeigt:

(11)   *Das Buch liest sich von Josef gut.

Da Konstruktionen wie (7) also eine Kategorie darstellen, die zwischen Aktiv und Passiv angesiedelt ist, bezeichnet man diese Konstruktionen als »Medialkonstruktionen«.

Im Standarddeutschen kommen Medialkonstruktionen nur in einer unpersönlichen Form vor (also in der dritten Person). Darüber hinaus benötigen sie ein reflexives Pronomen und ein Adverb, wie die ungrammatischen Beispiele in (12) zeigen, in denen – im Unterschied zu (8) – das reflexive Pronomen (12a) bzw. das Adverb (12b) fehlt:

(12)   a. *Das Buch liest gut.

         b. *Das Buch liest sich.

Auch im Standarddeutschen ist die Medialkonstruktion mit Verben möglich, die nicht transitiv sind, also kein Akkusativobjekt zulassen (sog. »intransitive Verben«), wie man an dem folgenden Beispiel sieht:

(13)   Hier schläft es sich gut.

In der Regel verlangt die Medialkonstruktion mit intransitiven Verben das unpersönliche Pronomen *es* und das reflexive Element *sich*. Man kann sich nun fragen, was in Sätzen wie (13) als Subjekt fungiert. Nur zwei Elemente kommen infrage, nämlich das unpersönliche *es* oder das reflexive *sich*. Für jedes dieser beiden Elemente hat man Subjektstatus nachzuweisen versucht. Dies zeigt, dass die Frage nicht trivial ist und ohne kompliziertes theoretisches Instrumentarium nicht beantwortet werden kann.

Was nun das Bairische auszeichnet, ist, dass die im Standarddeutschen nur in der unpersönlichen Form mögliche Medialkonstruktion auch in den persönlichen Formen der ersten und der zweiten Person möglich ist:

(14)   a. I geh mi guat in dene Schuah.

         b. Hauptsach, du gehst di guat in dene Schuah.

Auch das Englische verfügt über die Medialkonstruktion, wie z. B. in (15) ersichtlich:

[Englisch]

(15) a. The   book   sells   well.
         das   Buch   verkauft   gut
         ›Das Buch verkauft sich gut.‹

      b. Bureaucrats   bribe   easily.
         Bürokraten   bestechen   leicht
         ›Bürokraten lassen sich leicht bestechen.‹

Allerdings kann diese Konstruktion im Englischen nicht einmal von intransitiven Verben gebildet werden, geschweige denn dass sie wie im Bairischen in einer persönlichen Form zulässig ist:

(16) *It   runs   easily.
       es   läuft   leicht

Um ein Beispiel aus den romanischen Sprachen zu nennen, auch das Italienische besitzt eine Medialkonstruktion, in der das Reflexivpronomen *si* (›sich‹) eine ähnliche Funktion besitzt wie das *sich* in der deutschen Medialkonstruktion (7) (Cinque 1988):

[Italienisch]

(17) Questi   muri   si   dipingono   molto   facilmente.
      diese   Wände   sich   streichen   sehr   leicht
      ›Diese Wände lassen sich sehr leicht streichen.‹

Auch die italienische Medialkonstruktion hat Ähnlichkeiten mit Eigenschaften des Passivs, lässt aber wie die deutsche Medialkonstruktion (11) nicht zu, dass das Subjekt des Aktivs in einem Ausdruck mit der Präposition *da* (›von‹) hinzugefügt wird:

(18) *Questi   muri   si   dipingono   molto   facilmente   da   tutti.
       diese   Wände   sich   streichen   sehr   leicht   von   allen

Im Gegensatz zum Bairischen erlaubt aber auch das Italienische keine persönliche Medialkonstruktion in der ersten oder zweiten Person (Salvi 1988):

(19) *Io mi   vado bene in queste scarpe.
     ich mich *gehe* *gut* *in* *diesen* *Schuhen*

Interessant ist, dass das Altgriechische, wie zahlreiche andere altindogermanische Sprachen, neben dem Aktiv und dem Passiv ein zusätzliches »Genus verbi« besitzt, nämlich eine Medialform, die nicht nur in allen Personen vorkommt, sondern auch in verschiedenen Tempora (Früchtel 1959). Franz Josef Strauß hätte sich sicher gefreut, wenn ihm diese Gemeinsamkeit zwischen dem bairischen Dialekt und den klassischen Sprachen des humanistischen Gymnasiums vor Augen geführt worden wäre.

KAPITEL XI

ABER DÖS KO DOCH KOA MENSCH NET SCHMECKA

(KARL VALENTIN UND DIE LOGIK)

Der Titelsatz stammt von Karl Valentin (*Der Flug zum Mond im Raketenschiff*, Sämtliche Werke, Bd. 8: 107). Er illustriert nicht nur Karl Valentins spezielles Verhältnis zur Logik, er ist vielmehr typisch für eine generelle Eigenschaft des Bairischen, die es im Standarddeutschen nicht gibt.

Das Besondere an Karl Valentins Satz besteht darin, dass er zwei Negationselemente enthält, nämlich *koa Mensch* und *net*. Zu solchen Sätzen stellt Valentin in seinem Dialog *Nein* fest, dass sich die beiden Negationselemente eigentlich gegenseitig aufheben sollten, sodass ein nicht-negierter Satz entsteht:

(1)   Wenn S' kein Geld *nicht* haben, dann haben Sie ja eins!

(Karl Valentin, *Nein*, Sämtliche Werke, Bd. 4: 221)

In der Tat beschreibt Valentin hier die Situation des Standarddeutschen, wo sich zwei Negationen gegenseitig aufheben, sodass ein positiver Satz entsteht, wie z. B. in

(2)   Kein Bayern-Fan hat das Spiel nicht gesehen.

Dieser Satz bedeutet, dass jeder Bayern-Fan das Spiel gesehen hat. Auch in Sätzen wie (3)–(5) heben sich zwei Negationselemente gegenseitig auf:

(3)   Nicht jeder Professor trinkt nicht.
(4)   Hans empfiehlt nicht niemanden.
(5)   Niemand hat den Spieler nicht kritisiert.

(3) besagt, dass es Professoren gibt, die trinken, (4) drückt aus, dass Hans jemanden empfiehlt, und die Bedeutung von (5) ist, dass jeder den Spieler kritisiert hat. Demgegenüber hat der bairische Satz (6) aus Gustl Bauers Gedicht *Herbstwind* (In: Bauernfeind et al., hrsg. 2014: 20) trotz der Präsenz der beiden Negationselemente *nix Scheenas* und *net* gerade nicht die Bedeutung, dass es etwas Schöneres geben kann.

(6)	es	konn	ja	nix	Scheenas	net	gem
	es	*kann*	*ja*	*nichts*	*Schöneres*	*nicht*	*geben*

(6) bedeutet vielmehr, dass es nichts Schöneres geben kann.

Genauso hat die Überschrift dieses Kapitels im Bairischen die Bedeutung, dass *kein* Mensch das »schmecken« kann, und nicht etwa, dass *jeder* Mensch das schmecken kann. Die zweite Negation in diesem Satz, nämlich *net*, spielt also für die Bedeutung dieses Satzes keine Rolle. Das Bairische nimmt hier also wiederum eine Sonderstellung ein, insofern sich im Bairischen mehrfache Negationselemente nicht gegenseitig aufheben. Ein Satz wie

(7)	I	hob	neamd	net	gseng.
	ich	*habe*	*niemanden*	*nicht*	*gesehen*

bedeutet, dass ich niemanden gesehen habe. Und wenn sich in Karl Valentins Monolog *Auf der Wohnungssuche im Jahre 1915* (Sämtliche Werke, Bd. 1: 70) der auch heute noch aktuelle Satz findet

(8) i find koa Wohnung net.
    ich finde keine Wohnung nicht

dann ist damit gemeint, dass ich keine Wohnung finde.

Auch wenn ein bairischer Satz mehr als zwei Negationselemente enthält, drückt er nur eine einfache Negation aus:

(9) Mia hod neamd koa bia net eigschenkt.
    mir hat niemand kein Bier nicht eingeschenkt

Trotz des Vorkommens von drei Negationselementen besagt Satz (9), dass mir niemand ein Bier eingeschenkt hat. Diese Eigenschaft des Bairischen, dass mehrfache Negation im Sinne einfacher Negation zu verstehen ist, betrifft die Kombination von Ausdrücken wie *neamd* (›niemand‹), *nix* (›nichts‹), *koa* (›kein‹), *niagads* (›nirgends‹), *nia* (›nie‹) mit dem Negationselement *net* (›nicht‹) (Weiß 1998: 183ff).

Einen besonderen Exzess der mehrfachen Negation im Bairischen bildet ein Werbespruch der Brauerei Schweiger:

(10) Mia ham no nia ned nix anders ned drunga.
     wir haben noch nie nicht nichts anderes nicht getrunken

Dieser Satz bedeutet, dass wir noch nie etwas anderes getrunken haben (als Schweiger-Bier).

Auch das folgende Beispiel aus der *Bairischen Grammatik* von Ludwig Merkle weist eine vierfache Verneinung auf (Merkle 1975: 156, Zehetner 1985: 149).

(11) Bei uns hod no nia koana koan Hunga ned lein miassn.
      bei uns hat noch nie keiner keinen Hunger nicht leiden müssen

Der Bayer versteht diesen Satz mühelos als (12), ohne dass er dabei logische Überlegungen anstellen muss:

(12) Bei uns hat noch nie einer Hunger leiden müssen.

Die Tatsache, dass sich im Bairischen zwei Verneinungen nicht gegenseitig aufheben und das Bairische somit nicht den Gesetzen der »mathematischen Logik« folgt, wird in Schmid (2012: 216) auf sprachhistorische Gründe zurückgeführt. Dabei ist festzustellen, dass es sich bei dieser Eigenschaft keineswegs um ein logisches Defizit des bairischen Dialekts handelt. Vielmehr beweist das Bairische hier einmal mehr seine Internationalität.

Die Eigenschaft, dass mehrfache Negation sich nicht aufhebt, ist nämlich in einer Vielzahl von Sprachen zu beobachten und hängt möglicherweise mit einer vielleicht historisch bedingten lexikalischen Mehrdeutigkeit der einschlägigen Negationselemente zusammen (Herburger 2001). Dieses Phänomen ist u. a. zu beobachten in den Sprachen Jiddisch, Rumänisch, Ungarisch, Griechisch, Berber, Katalanisch, den slawischen Sprachen Russisch, Tschechisch, Polnisch und den romanischen Sprachen Italienisch, Spanisch, Portugiesisch (Zeijlstra 2004).

Im Italienischen beispielsweise bedeutet ein Satz wie (13) trotz des Vorkommens von zwei Negationselementen, dass niemand angerufen hat.

[Italienisch]
(13) Non ha telefonato nessuno.
      nicht hat telefoniert niemand

Auch wenn man noch mehr negative Elemente hinzufügt, bleibt der Satz einfach negiert:

[Italienisch]

(14) Non ho mai detto niente.
nicht ich-habe nie gesagt nichts

Satz (14) ist zu lesen als: *Ich habe nie etwas gesagt*, und genau dieselbe Lesart liegt vor in dem bairischen Satz (15):

(15) I hob nia nix net gsogt.
ich habe nie nichts nicht gesagt

Man beachte, dass zwei Negationselemente in einem bairischen Satz durchaus eine zweifache Negation mit sich bringen können, und zwar dann, wenn ein Negationselement im Hauptsatz und ein anderes im Nebensatz steht, wie in (16) (Weiß 1998: 204):

(16) Koana hod gsogt, dass da Hans net katholisch is.
keiner hat gesagt dass der Hans nicht katholisch ist

Dieser Satz bedeutet, dass niemand behauptet hat, der Hans sei nicht katholisch.

Auch in älteren Sprachstufen des Hochdeutschen findet sich mehrfache Negation ohne logisch neutralisierenden Effekt. Merkle (1975) weist in seiner *Bairischen Grammatik* darauf hin, dass sich schon im Mittelhochdeutschen diese Art der mehrfachen Negation findet, und zitiert die folgende Passage aus Gottfried von Straßburgs *Tristan* (Merkle 1975: 156):

(17) Sus brahtens in heinlichen in *So brachten sie ihn heimlich*
wider durch ir haltürlin, *wieder durch die Seitentür herein,*
daz umbe ir reise und umbe ir vart *damit über ihre Reise und über ihre Fahrt*
nie nieman nihtes inne wart *nie niemand nichts erfuhr*

Es ist klar, dass die letzte Zeile dieser Passage bedeutet, dass nie jemand etwas über ihre Reise und ihre Fahrt erfahren sollte.

Der Grammatiker Hermann Paul zeigt (Paul 1920, Bd. IV, Kap. 14), dass in früheren Stadien des Neuhochdeutschen die Negation *nicht* in Kombination mit anderen Negationselementen wie *niemand* oder *nie* zwar bereits entbehrlich war, bisweilen aber zur Verstärkung hinzugefügt wird, wie etwa in

(18) a. Ich sehe keine Dame nicht.
b. Seid niemand nichts schuldig.

Diese Option der doppelten Negation wurde jedoch in der neuhochdeutschen Schriftsprache sukzessive zurückgedrängt, was nach Hermann Paul auf den Einfluss der lateinischen Grammatik zurückzuführen ist.

Offensichtlich ist, dass sich im Bairischen das Phänomen der doppelten und mehrfachen Negation in einer systematischen Weise erhalten hat, die auf tiefer liegende grammatische Zusammenhänge verweist und das Bairische in den Kontext der oben erwähnten Sprachen stellt, die dasselbe Negationsphänomen aufweisen.

KAPITEL XII

WEA BIST-N NACHA DU?

D er Satz in der Überschrift dieses Kapitels sieht einfacher aus als er ist. Bevor wir die analytischen Feinheiten dieses Satzes erkennen können, müssen wir einige Vorarbeiten leisten. Betrachten wir daher zu Illustrationszwecken den ähnlichen bairischen Satz (1a), der im Standarddeutschen wörtlich übersetzt würde als (1b):

(1)	a. Wea	hod'n	nacha	des	gsogd?
	b. Wer	hat-denn	nachher	das	gesagt?

Allerdings entspricht die Bedeutung des standarddeutschen Satzes (1b) nicht genau der Bedeutung des bairischen Satzes (1a). Worin bestehen die Unterschiede?

Auf den ersten Blick können wir feststellen, dass das standarddeutsche *denn* in dem bairischen Satz in einer verkürzten Form -'*n* erscheint, die darüber hinaus mit dem Verb *hod* verschmolzen scheint. Wir wissen, dass der Ausdruck *denn* einen Satz einleiten kann, mit dem man eine Begründung liefert. Es ist aber klar, dass dieser Ausdruck in (1a) eine andere Funktion hat, und nur um diese geht es in diesem Kapitel.

In dem standarddeutschen Satz (1b) besteht die Funktion des Ausdrucks *denn* darin, den Inhalt des Satzes in irgendeiner Weise zu modifizieren. Dies wird klar, wenn wir die folgenden beiden Sätze einander gegenüberstellen:

(2)   Wer hat das gesagt?

(3)   Wer hat denn das gesagt?

Da der Ausdruck *denn* die Modalität eines Satzes, also die Art und Weise, wie er zu verstehen ist, beeinflusst, nennt man solche »kurzen« Wörter wie *denn, halt* oder *bloß* auch »Modalpartikeln«.

Zwei Fragen stellen sich in Bezug auf die Modalpartikel *denn*. Zum einen wollen wir wissen, worin denn (!) die modifizierende Rolle dieser Partikel besteht, und zum anderen wollen wir wissen, ob die verschmolzene Version dieser Partikel in dem bairischen Satz (1a) dieselbe Funktion besitzt wie das standarddeutsche *denn*.

Die Analyse des bairischen Satzes (1a) wird allerdings noch erschwert durch die Tatsache, dass dieser Satz einen weiteren Ausdruck enthält, dessen Funktion unklar ist. Der bairische Ausdruck *nacha* wurde in der standarddeutschen Version wiedergegeben als *nachher*. Die standarddeutsche Version enthält somit einen adverbialen Ausdruck der »Nachzeitigkeit«, drückt also aus, dass sich ein Ereignis oder Zustand nach einem im Kontext vorgegebenen Zeitabschnitt zugetragen hat. Auch in Bezug auf diesen Ausdruck stellen wir einen klaren Unterschied zu der bairischen Entsprechung (1a) fest: Mit der Frage

(4)   Wer   hod'n   nacha   des   gsogd?
      wer   hat-denn   nachher   das   gesagt

möchte der Sprecher nicht wissen, wer nach einem bestimmten vorangegangenen Ereignis etwas Bestimmtes gesagt hat. D. h. der Ausdruck *nacha* hat in (4) keine temporale Funktion. Worin besteht seine Funktion dann? Bevor wir uns dieser Frage zuwenden, wollen wir uns mit der Partikel *denn* befassen und zunächst klären, wie wir die Funktion dieser Partikel im Standarddeutschen beschreiben können. Danach werden wir uns mit der Frage befassen, ob die verschmolzene Version in dem bairischen Satz (4) dieselbe Funktion besitzt.

Überlegen wir uns, wann wir die Frage, wer etwas Bestimmtes gesagt hat, in der Version (2) und wann in der Version (3) stellen würden. Subtile Bedeutungsunterschiede zwischen zwei Äußerungen kann man oft dadurch ermitteln, dass man sich überlegt, in welchen Situationen man eine dieser Äußerungen NICHT verwenden kann. Satz (2) wäre z. B. angemessen, wenn ein Lehrer hinter seinem Rücken eine Unflätigkeit über sich hört und wissen will, von wem diese stammt. In dieser Situation würde der Lehrer vermutlich nicht die Version (3) verwenden. Diese Version würde er möglicherweise äußern, wenn er eine schwierige Frage gestellt hat und in der Klasse eine geniale Beantwortung hört, aber nicht genau weiß, von wem diese Antwort kam.

Mit anderen Worten, wenn man nur etwas ermitteln möchte, also nur an einer Information interessiert ist, verwendet man eine Frage ohne *denn*. Mit der Verwendung dieser Partikel bezieht man sich auf einen existierenden Konversations- bzw. Interaktionszusammenhang und drückt mit einer entsprechenden Frage sein Erstaunen bzw. sein Interesse an einer Antwort aus. D. h. der Sprecher drückt dabei aus, dass der vorgängige Sachverhalt, auf den er sich bezieht, in dem Konversationszusammenhang für ihn unerwartet ist. Daher werden solche Fragen mit *denn* häufig verwendet, um Begründungen, Rechtfertigungen oder Erklärungen zu erbitten (Thurmair 1989).

Die folgenden Beispiele können diese Charakterisierungen weiter verdeutlichen. Man stelle sich die Situation einer Eheschließung im Standesamt vor. Der Standesbeamte vollzieht die Eheschließung in der Regel mit einem Satz der folgenden Art:

(5) Wollen Sie, Frau X, mit dem hier anwesenden Herrn Y die Ehe eingehen, dann anworten Sie bitte mit »Ja«.

Man stelle sich nun vor, der Standesbeamte hätte in seine Äußerung ein *denn* eingefügt:

(6)   Wollen Sie denn, Frau X, mit dem hier anwesenden Herrn Y die Ehe eingehen, dann anworten Sie bitte mit »Ja«.

Eine in diesem Kontext völlig unmögliche Äußerung. Man würde z. B. unterstellen, dass der Standesbeamte Herrn Y kannte und zum Ausdruck bringen möchte, dass er sich nicht vorstellen kann, wie man so jemanden heiraten kann. Im vorliegenden Zusammenhang geht es aber nicht darum, welche Einstellung der Standesbeamte zu der Eheschließung hat, sondern lediglich darum, dass er wissen möchte, ob die Ehe geschlossen wird oder nicht.

Auch im Einwohnermeldeamt wird man vermutlich normalerweise eine Frage der Art (7) gestellt bekommen und nicht eine Frage der Art (8):

(7)   Wo sind Sie geboren?
(8)   Wo sind Sie denn geboren?

Wenn es also um »reine« Information geht, dann ist *denn* fehl am Platz. Daher wird *denn* typischerweise weggelassen, wenn eine unpersönliche Beziehung zwischen den Gesprächspartnern vorliegt.

Es ist daher nicht verwunderlich, dass *denn* in einem indirekten w-Fragesatz dann unangemessen ist, wenn der indirekte Fragesatz ein Wissen wiedergibt. Man vergleiche den Kontrast zwischen (9) und (10):

(9)   Maria wollte wissen, wer denn dieses Chaos angerichtet hat.
(10)   *Maria weiß, wer denn dieses Chaos angerichtet hat.

Dabei kann *denn*, wie bereits (9) zeigt, durchaus in Nebensätzen vorkommen, und zwar auch in solchen, die keine Frage ausdrücken, wie (11) zeigt.

(11) Wie glaubst du, dass er denn dann reagieren würde?

Allerdings ist das auch nicht immer möglich, wie man an den Sätzen in (12) sieht:

(12) a. *Wer hat dir mitgeteilt, dass der Josef denn geheiratet hat?
      b. *Hat er die Frau geheiratet, die ihm denn ein großes Erbe vermachen wird?
      c. *Die deutsche Mannschaft hat gewonnen, ohne denn einen guten Torwart zu haben.

Die Bedingungen, unter denen *denn* in Nebensätzen vorkommen kann, sind nicht einfach zu formulieren; für unser Thema sind sie aber nicht relevant.

Kommen wir nun zurück zum Bairischen. Hier tritt die Modalpartikel *denn* nicht in ihrer vollständigen lexikalischen Form auf, sondern, wie aus (4) ersichtlich, in der verkürzten Variante *'n*. Diese Variante muss sich darüber hinaus an das finite Verb »anlehnen«. Solche »anlehnungsbedürftigen« und unbetonten lexikalischen Elemente nennt man auch »klitische Elemente«.

Unbetonte Pronomina kommen ebenfalls in einer klitischen Form vor. Man vergleiche z.B. die klitischen Varianten der Pronomina *er*, *es*, *dir*, die in Beispiel (13) zusammen mit der klitisierten Partikel *denn* vorkommen:

(13) Wo hod-a-s-da-n   gem?
      wo hat-er-es-dir-denn gegeben

Interessant ist hier die Beobachtung, dass das klitisierte *denn* nur am Ende der klitischen Pronomina stehen kann, wie die folgenden ungrammatischen Beispiele zeigen:

(14) a. *Wo hod-a-s-**n**-da gem?
      wo *hat-er-es-denn-dir* *gegeben*

   b. *Wo hod-a-**n**-s-da gem?
      wo *hat-er-denn-es-dir* *gegeben*

   c. *Wo hod-**n**-a-s-da gem?
      wo *hat-denn-er-es-dir* *gegeben*

Man beachte, dass nicht jedes klitische Element *'n* für die lexikalische Partikel *denn* stehen muss. In einem Satz wie (15) steht das klitische *'n* für das Personalpronomen *ihn*.

(15) Wo hod-a-n-da gem?
     wo *hat-er-ihn-dir* *gegeben* (z. B. den Schlüssel)

In einem Fall wie (15) kann die klitisierte Modalpartikel *denn* allerdings nicht auch noch hinzutreten, da zwei gleichlautende Elemente in ein und demselben klitischen Komplex in der Regel vermieden werden:

(16) *Wo hod-a-n-da-n gem?
     wo *hat-er-ihn-dir-denn* *gegeben*

Die Existenz klitischer Pronomina ist uns auch von anderen Sprachen wie z. B. dem Italienischen bekannt, wo Pronomina in einer betonten wie in einer unbetonten Form vorkommen. Im Gegensatz zu dem betonten Pronomen *lui* (›ihn‹) lehnt sich ein klitisches Pronomen wie *lo* (›ihn‹) im italienischen Hauptsatz »von vorne« an das Verb an. Es kommt hier also »proklitisch« vor im Gegensatz zu den

klitischen Elementen in dem bairischen Beispiel (15), die »enklitisch«
vorkommen, sich also »von hinten« an das Verb anlehnen:

[Italienisch]
(17) a. Maria lo ama.
   Maria ihn liebt

   ›Maria liebt ihn.‹
   b. Maria ama lui.
   Maria liebt ihn (und nicht einen anderen)

Wie im Bairischen kann auch im Italienischen ein Komplex von unbetonten Pronomina nicht zwei gleichlautende Elemente enthalten.
Statt der ungrammatischen Variante (18a) mit zwei Vorkommen
von *si* (›man‹ bzw. ›sich‹) verlangt die italienische Grammatik, dass
das erste *si* durch ein *ci* ersetzt wird, sodass die korrekte Form des Satzes lautet wie (18b):

[Italienisch]
(18) a. *Si si sbaglia sempre.
   man sich irrt immer

   ›Man irrt sich immer.‹
   b. Ci si sbaglia sempre.

Im Gegensatz zum Standarddeutschen kann die verkürzte Version
von *denn* im Bairischen generell nicht in Nebensätzen vorkommen.
Bairische Analoga zu dem standarddeutschen Beispiel (11) sind also
nicht möglich, wie das ungrammatische Beispiel (19) zeigt.

(19) *Wen glabsd du dass-a-n gseng hod?
   wen glaubst du dass-er-denn gesehen hat

Das verkürzte (und obligatorische) 'n kann im Bairischen nur im Hauptsatz auftreten; man vergleiche (19) mit (20):

(20) Wen glabsd-n   du   dass-a   gseng   hod?
      wen glaubst-denn du   dass-er gesehen hat

Der Grund dafür, dass die bairische Variante größeren Einschränkungen unterliegt als die standarddeutsche, hat sicherlich damit zu tun, dass die bairische Variante nur in einer verkürzten (klitisierten) Form auftritt.

Eine weitere wichtige Beobachtung zur Verwendung der bairischen Modalpartikel 'n betrifft die Tatsache, dass diese Partikel in Fragen, die von einem w-Wort eingeleitet sind, obligatorisch ist (Weiß 2002, Bayer 2012). Abgesehen von Fällen wie (16), wo das klitisierte *denn*, also ('n), aus Gründen der lautlichen Verdoppelung nicht vorkommen kann, sind w-Fragen, die diese Partikel nicht enthalten, ungrammatisch. Statt (21a) muss die Frage *Was hast du gesehen?* im Bairischen also wiedergegeben werden als (21b) (es sei denn, es handelt sich um eine Nachfrage mit starker Betonung des w-Wortes):

(21) a. *Wos hosd'   g'seng?
          was   hast-du   *gesehen*

      b. Was   hosd'-**n**   g'seng?
          was   hast-du-denn   *gesehen*

Diese Beobachtung der obligatorischen Verwendung der bairischen Partikel 'n in w-Fragen korrespondiert mit einer anderen Beobachtung, die die Bedeutung dieser Partikel in solchen Fragen betrifft. Wir können nämlich feststellen, dass die Bedeutungseigenschaften, die wir dem standarddeutschen *denn* zugeschrieben haben, mit dem bairischen 'n nicht notwendigerweise verbunden sind.

Wie wir oben gesehen haben, signalisiert das standarddeutsche *denn* in w-Fragen, dass der Sprecher mit Erstaunen und Interesse eine Antwort erwartet und dass der vorgängige Sachverhalt, auf den er sich bezieht, in dem Konversationszusammenhang für ihn unerwartet ist. Daher haben w-Fragen mit *denn* im Standarddeutschen häufig die Funktion, Begründungen, Rechtfertigungen oder Erklärungen zu erbitten, während sie in reinen Informationsfragen unangemessen sind.

In einer bayerischen Behörde kann man aber durchaus mit Fragen wie (22) oder (23) konfrontiert sein, ohne dass damit irgendein Erstaunen, besonderes Interesse oder ein unerwarteter Sachverhalt signalisiert werden.

(22) Wann san-S-n   geborn?
     wann sind-Sie-denn geboren

(23) Wo   ham-S-n   Abitur gmacht?
     wo   haben-Sie-denn Abitur gemacht

Es liegt daher die Vermutung nahe und ist so auch in der Literatur festgestellt worden (Thurmair 1989, Bayer 2012), dass die obligatorische Präsenz der Partikel *'n* in bairischen w-Fragen lediglich dazu dient, den Frage-Charakter, also den interrogativischen Status der w-Frage auszudrücken.

Dass das Bairische diese Partikel offenkundig als reinen Frage-Markierer verwendet und nicht zum Ausdruck spezifischer Bedeutungsnuancen, ist ein Phänomen, das uns von anderen Sprachen vertraut ist. Auch im Japanischen wird der interrogative Charakter eines Satzes durch eine spezifische Partikel markiert, die am Ende des Satzes steht. So bewirkt die Hinzufügung der Partikel *ka* in (24b), dass aus dem behauptenden Satz (24a) der Fragesatz (24b) entsteht:

[Japanisch]

(24) a. Hanako-ga susi-o tukurimasita.
    Hanako-Nom *Sushi-Akk* *machte*
    ›Hanako machte Sushi.‹

   b. Hanako-ga susi-o tukurimasita **ka**.
    Hanako-Nom *Sushi-Akk* *machte* *Q*(uestion)
    ›Machte Hanako Sushi?‹

(Tsujimura 1996: 181)

Um das folgende Beispiel (25) zu verstehen, muss man wissen, dass im Japanischen das Verb in der Regel am Ende des Satzes steht und dass die Partikel, die den Modus des Satzes anzeigt, dem Verb folgt. (25) illustriert dann, dass ein deklarativer Nebensatz durch die Partikel *to* und ein interrogativer Nebensatz durch die Fragepartikel *ka* signalisiert wird:

[Japanisch]

(25) a. Taroo-wa [Hanako-ga Ziroo-ni atta **to**] omotteiru.
    Taroo *Hanako-Nom* *Ziroo-Dat* *traf* *to* *glaubt*
    ›Taroo glaubt, dass Hanako Ziroo getroffen hat.‹

   b. Taroo-wa [Hanako-ga dare-ni atta **ka**] tazuneta.
    Taroo *Hanako-Nom* *wen-Dat* *traf* *Q* *fragte*
    ›Taroo fragte, wen Hanako getroffen hat.‹

Wiederum zeigt sich, dass das Bairische raffinierte grammatische Eigenschaften besitzt, die man zwar in anderen Sprachen, nicht aber im Standarddeutschen findet.

Wir hatten oben die Frage aufgeschoben, wie das bairische *nacha* (›nachher‹) zu verstehen ist. Wenn wir uns jetzt mit dieser Frage befassen wollen, dann können wir diesen Versuch mit der bairischen Bemerkung einleiten:

(26) Nacha   versuach-ma-s   hoid   jetzt.
      nachher versuchen-wir-es halt   jetzt

Es ist ziemlich klar, dass das *nacha* in (26) nicht die temporale Bedeutung von »nachher« besitzt. Schließlich würde dann der Widerspruch resultieren, dass wir es nachher und jetzt versuchen. Dieselbe Beobachtung lässt sich an den folgenden beiden Gedichten von Benno Höllteuffel machen (Höllteuffel 1971: 49 und 65).

(27) *Nacha hoid ned*   Dann halt nicht

   mogsd mi ha   magst du mich hej
   obsd mi mogsd   ob du mich magst
   hob i gfrogd   hab ich gefragt

   a bisl!?   ein bisschen!?
   na deafsd   dann darfst du
   mi geanham   mich gernhaben

(28) *hosdas*   hast du es
   ja i hobs   ja ich hab es
   kriages   krieg ich es
   na   nein
   warum nacha ned   warum denn nicht
   frog ned so bled   frag nicht so dumm

In den beiden Gedichten hat keines der Vorkommnisse von *nacha* die temporale Bedeutung der Nachzeitigkeit. In (27) hat *nacha* die Bedeutung von *dann* und in (28) die Bedeutung von *denn*. Offenkundig füllt *nacha* die Lücke, die durch die Verwendung von *'n* (›denn‹) als Fragepartikel entstanden ist.

Damit können wir uns endlich mit dem Satz befassen, der die

Überschrift dieses Kapitels darstellt. Dieser Satz illustriert nicht nur die spezifischen Eigenschaften der bairischen Ausdrücke -*n* und *nacha*, die unsere bisherigen Analysen herausgearbeitet haben, er liefert auch ein gutes Argument dafür, dass diese Analysen korrekt sind. Betrachten wir diesen Satz genauer. Er ist in (29) noch mal wiedergegeben:

(29) Wer bist'n   nacha   du?
     wer bist-Fragepartikel nachher du

Es ist klar, dass ein Fragesatz mit der Bedeutung, wie sie in der wörtlichen standarddeutschen Übersetzung wiedergegeben ist, keinen Sinn macht. Ich möchte mit der Frage (29) wissen, wer du JETZT bist, und nicht, wer du zu einem späteren Zeitpunkt bist. Würde man danach fragen, wer jemand zu einem späteren Zeitpunkt ist, müsste das Zeitadverb *nachher* hervorgehoben sein und dazu an das Ende des Satzes gestellt werden, abgesehen davon, dass für ein derartiges Verständnis der Frage (29) ganz spezifische und in der Regel abwegige Kontextbedingungen erforderlich wären.

Die Frage in (29) macht also in der Regel überhaupt keinen Sinn, wenn *nacha* temporal zu verstehen wäre im Sinne von

(30) Wer bist denn nachher/später du?

Wenn eine temporale Bedeutung von *nacha* aber nicht infrage kommt, dann muss dieser Ausdruck eine modale Bedeutung im Sinne von *denn* haben. Ansonsten wäre diese Frage kaum zu verstehen. Eine solche modale Bedeutung im Sinne von *denn* kann *nacha* aber nur dann haben, wenn *'n* nicht ebenfalls die Bedeutung von *denn* hat, denn sonst würde in (29) die Modalpartikel *denn* zweimal auftreten.

Beispiele wie (29) liefern uns also ein weiteres Argument dafür, dass die Partikel *'n* in bairischen w-Fragen die Funktion eines Interrogativ-Markierers hat und nicht die Bedeutung der Modalpartikel *denn*.

Selbstverständlich kommt *nacha* im Bairischen auch mit temporaler Bedeutung vor, wie in dem folgenden Beispiel:

(31) Gema   nacha   no   auf   a   Bier?
      gehen-wir nachher   noch   ein Bier trinken

Ob die modale Bedeutung von *nacha* im Sinne von *denn* oder *dann* aus der temporalen Bedeutung abzuleiten ist, sei dahingestellt. Wichtig ist die Beobachtung, dass das bairische *nacha* eine modale Bedeutung übernehmen kann, die der Bedeutung von *denn* bzw. *dann* entspricht. In diesem Sinne sagt Karl Valentins Hausmeisterin:

(32) Dir gib   i   nacha   a   Hausmoastaschuxn.
      dir gebe ich dann   eine   Hausmeisterschmalznudel

      ›Das wirst du bereuen, dass du mich eine ordinäre Hausmeisterin nennst.‹
      (Karl Valentin, *Die Hausmoasterin*, Sämtliche Werke, Bd. 1: 82)

Die Hausmeisterin hätte sicher nicht so heftig reagiert, wenn die »Millitandlerin« (›Milchfrau‹) sie nicht als »Hausmoastaschuxn« bezeichnet, sondern sie stattdessen, wie es eigentlich die Art der Bayern ist, freundlich begrüßt hätte mit einem herzlichen

(33) Griaß   de   nacha.
      grüß   dich   nachher

LITERATURVERZEICHNIS

PRIMÄRTEXTE

Bauernfeind Eva/Ettl Hubert/Pöschl Kristina (hrsg.) (2014), *Vastehst me. Bairische Gedichte aus 40 Jahren*, Viechtach: edition lichtung

Haindling (1999), *Bayern des samma mia*, https://www.youtube. com/watch?v=wWURPVmV2cg

Höllteuffel Benno (1971), *friß wos i sog*, Gedichte von Michael Fruth & Carl-Ludwig Reichert, München: Piper

Jonas Bruno (2013), *So samma mia*, Münchner Lustspielhaus

Jonas Bruno (2018), *Gebrauchsanweisung für das Jenseits*, München: Piper

Kratzer Hans (2005), »Dialekt macht schlau!«, *Süddeutsche Zeitung* 18. 7. 2005

Polt Gerhard (2007), *Manege frei! Monologe und Dialoge*, Stuttgart: Reclam

Polt Gerhard (2012), »Über Fernsehen, Geschichte und Europa«, https://www.youtube.com/watch?v=wRiDZL6zTes

Polt Gerhard (2015), *Circus Maximus*, Zürich: Kein & Aber

Riehl-Heyse/Hanitzsch Dieter (hrsg.) (1996), *Mir san mir. 50 Jahre Freistaat Bayern im Spiegel der Karikatur*, München: Bruckmann

Valentin Karl (2007), *Sämtliche Werke in neun Bänden*, hrsg. von Helmut Bachmaier und Manfred Faust, München: Piper.

Bayerisches Wörterbuch, hrsg. von: Kommission für Mundartforschung, München (1995ff)

Beck Sebastian/Kratzer Hans (2019), »Durchs Türl in d'Ewigkeit«, *Süddeutsche Zeitung*, 19./20. Januar 2019

Dialekte in Bayern. Handreichung für den Unterricht, hrsg. von: Bayerisches Staatsministerium für Bildung und Kultus, Wissenschaft und Kultur, München (2015)

Etymologisches Wörterbuch des Deutschen, hrsg. von: Autorenkollektiv des Zentralinstituts für Sprachwissenschaft, Berlin: Akademie-Verlag (1989)

Früchtel Ludwig (1959), *Griechische Grammatik*, München: Bayerischer Schulbuch-Verlag

Kollmer Michael (1987), *Die schöne Waldlersprach*. Band I–III, Prackenbach: Kollmer (Eigenverlag)

König Werner (2015), »Wir können alles. Außer Norddeutsch«. In: *Dialekte in Bayern*, S. 362–375

Kratzer Hans (2017), »Tschüss Bairisch«, *Süddeutsche Zeitung*, 22. November, R13

Merkle Ludwig (1975), *Bairische Grammatik*, München: Heimeran Verlag

Mittelbayerische Zeitung (2008), »Das Rätsel um den ›Gloifel‹«, 7. Januar 2008

Paul Hermann (1920), *Deutsche Grammatik*, Band IV, Syntax, Tübingen: Max Niemeyer Verlag

Plank Frans (2006), *Das grammatische Raritätenkabinett*, https://typo.uni-konstanz.de/rara/intro/index.php

Reiser Rudolf (1985), *Die Agilolfinger*, Pfaffenhofen: Ludwig Verlag

Renn Manfred/König Werner (2006), *Kleiner Bayerischer Sprachatlas*, München: Deutscher Taschenbuch Verlag

Rowley Anthony (2014), »Freude an der Mundart«. In: *Freude an der Mundart. Lesebuch zum Bayernbund-Projekt*

Salvi Giampaolo (1988), »La frase semplice«. In: *Grande grammatica italiana di consultazione.* vol. 1, *La frase. I sintagmi nominale e preposizionale,* a cura di Lorenzo Renzi, Bologna: Il Mulino, 29–113

Schmid Hans Ulrich (2012), *Bairisch. Das Wichtigste in Kürze,* München: C. H. Beck

Steininger Reinhold (1993), *Beiträge zu einer Grammatik des Bairischen,* Stuttgart: Franz Steiner Verlag

Zehetner Ludwig (1985), *Das bairische Dialektbuch,* München: C. H. Beck

THEORETISCHE SEKUNDÄRLITERATUR

Abraham Werner/Leiss Elisabeth (hrsg.) (2013), *Dialektologie in neuem Gewand,* Linguistische Berichte: Sonderheft 19, Hamburg: Buske

Ackema Peter/Neeleman Ad (2004), *Beyond morphology,* Oxford: Oxford University Press

Bayer Josef (1984), »COMP in Bavarian syntax«, *The Linguistic Review* 3, 1984, 209–274

Bayer Josef (2004), »Decomposing the left periphery. Dialectal and cross-linguistic evidence.« In: Horst Lohnstein/Susanne Trissler (hrsg.), *The syntax and semantics of the left periphery,* Berlin: Mouton de Gruyter, 59–95

Bayer Josef (2012), »From modal particle to interrogative marker: A study of German *denn.*« In: Laura Brugé et al. (hrsg.), *Functional heads,* Oxford: Oxford University Press, 13–28

Bayer Josef (2014), »Syntactic and phonological properties of wh-operators and wh-movement in Bavarian«. In: Grewendorf/Weiß (hrsg.) (2014), 23–50

Bhatt Rakesh Mohan (1999), *Verb movement and the syntax of Kashmiri,* Dordrecht: Kluwer

Cinque Guglielmo (1988), »On *si* constructions and the theory of *arb*«, *Linguistic Inquiry* 19, 521–581

Fuß Eric (2004), »Diachronic clues to pro-drop and complementizer agreement in Bavarian«. In: Eric Fuß/Carola Trips (hrsg.) (2004), 59–100

Fuß Eric (2005), *The rise of agreement*, Amsterdam: John Benjamins

Fuß Eric (2014), »Complementizer agreement (in Bavarian)«. In: Grewendorf/Weiß (2014), 51–82

Fuß Eric/Trips Carola (hrsg.) (2004), *Diachronic clues to synchronic grammar*, Amsterdam: John Benjamins

Grewendorf Günther (1988), *Aspekte der deutschen Syntax*, Tübingen: Gunter Narr

Grewendorf Günther (1995), *Sprache als Organ – Sprache als Lebensform*, Frankfurt a. M.: Suhrkamp

Grewendorf Günther (2015), »Double fronting in Bavarian left periphery«. In: Ur Shlonsky (hrsg.), *Beyond functional sequence*, Oxford: Oxford University Press, 232–252

Grewendorf Günther/Hamm Fritz/Sternefeld Wolfgang (1987, [11]1999), *Sprachliches Wissen*, Frankfurt: Suhrkamp

Grewendorf Günther/Weiß Helmut (hrsg.) (2014), *Bavarian syntax*, Amsterdam/Philadelphia: John Benjamins

Haegeman Liliane (1992), *Theory and description in generative syntax. A case study in West Flemish*, Cambridge: Cambridge University Press

Haider Hubert/Prinzhorn Martin (hrsg.) (1986), *Verb second phenomena in Germanic languages*, Dordrecht: Foris

Henry Alison (1995), *Belfast English and Standard English,* Oxford: Oxford University Press

Herburger Elena (2001), »The negative concord puzzle revisited«, *Natural Language Semantics* 9, 2001: 289–333

Höhle Tilman N. (1997), »Vorangestellte Verben und Komplementierer sind eine natürliche Klasse«. In: Christa Dürscheid/Karl Heinz Ramers/Monika Schwarz (hrsg.), *Sprache im Fokus*, Tübingen: Niemeyer, 107–120

Hoekstra Eric (1993), »Dialectal variation inside CP as parametric variation.« In: Werner Abraham/Josef Bayer (hrsg.), *Dialektsyntax*, Opladen: Westdeutscher Verlag, 161–179

Holmberg Anders (2005), »Null subjects in Finnish and the typology of pro-drop«, Lingbuzz

Jacobs Joachim (1982), *Syntax und Semantik der Negation im Deutschen*, München: Wilhelm Fink Verlag

Kayne Richard S. (1975), *French syntax*, Cambridge Mass.: MIT-Press

Leuninger Helen/Keller Jörg (2004) *Grammatische Strukturen. Kognitive Prozesse: Ein Arbeitsbuch*, Tübingen: Narr-Verlag

Lightfoot David W. (1979), *Principles of diachronic syntax*, Cambridge: Cambridge University Press

Platzack Christer (1986), »The position of the finite verb in Swedish«. In: Haider/Prinzhorn (hrsg.) (1986), 27–47

Rizzi Luigi (1982), *Issues in Italian syntax*, Dordrecht: Foris

Saito Mamoru (2012), »Sentence types and the Japanese right periphery«. In: Günther Grewendorf/Thomas Ede Zimmermann (hrsg.), *Discourse and grammar*, Boston/Berlin: Walter de Gruyter, 147–175

Schlieben-Lange Brigitte (1979), »Bairisch eh – halt – fẽi«. In: Harald Weydt (hrsg.), *Die Partikeln der deutschen Sprache*, Berlin: Walter de Gruyter, 306–317

Singer Wolf (1990), »Hirnentwicklung und Umwelt«. In: Wolf Singer (hrsg.), *Gehirn und Kognition*, Heidelberg, 50–65

Taraldsen Knut T. (1986), »On verb second and the functional content of syntactic categories«. In: Haider/Prinzhorn (hrsg.) (1986), 7–25

Thurmair Maria (1989), *Modalpartikeln und ihre Kombinationen*, Tübingen: Niemeyer

Tsujimura Natsuko (1996), *An introduction to Japanese linguistics*, Cambridge Mass.: Blackwell

Vainikka Anne/Levy Yonota (1999), »Empty subjects in Finnish and Hebrew«, *Natural Language and Linguistic Theory* 17, 613–671

Weiß Helmut (1998), *Syntax des Bairischen*, Tübingen: Niemeyer

Weiß Helmut (2002), »Three types of negation: a case study in Bavarian«. In: Sjef Barbiers et al. (hrsg.) (2002), *Syntactic microvariation*, Meertens Institute Electronic Publications in Linguistics, 305–332

Weiß Helmut (2005), »Inflected complementizers in Continental West Germanic dialects«, *Zeitschrift für Dialektologie und Linguistik* LXXII, Heft 2, 148–166

Zeijlstra Hedzer Hugo (2004), *Sentential Negation and Negative Concord*. Diss. Universität Amsterdam

Zwart Jan-Wouter (1993), »Clues from dialect syntax: complementizer agreement«. In: Werner Abraham/Josef Bayer (hrsg.), *Dialektsyntax*, Opladen: Westdeutscher Verlag, 246–270

© Verlag Antje Kunstmann GmbH, München 2021
Umschlaggestaltung: Heidi Sorg und Christof Leistl
Typografie + Satz: frese-werkstatt.de
Druck und Bindung: Pustet, Regensburg
ISBN 978-3-65614-434-9